☝ **W9-CLW-414**

WITHDRAWN

ONONDAGA COUNTY
PUBLIC LIBRARY

The Galleries of Syracuse
447 S. Salina St.
Syracuse, NY 13202-2494

JUL 1 0 2002

Русское застолье

Кулинарные рецепты
от русских
писателей

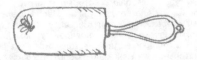

ИЗДАТЕЛЬСТВО «ЭКСМО-ПРЕСС» 2000 год

УДК 641
ББК 36.99
Р 89

В оформлении книги использованы работы художников
К. Коровина, З. Серебряковой, И. Хруцкого, И. Машкова,
Н. Сапунова, А. Пластова, К. Петрова-Водкина и многих других.

Р 89   **Русское** застолье (Кулинарные рецепты от русских
писателей). — М.: Изд-во ЭКСМО-Пресс, 2000. — 304 с.,
илл.

ISBN 5-04-006474-8

Перед вами не обычная кулинарная книга, а сборник великолепно описан-
ных «художественных» блюд, которые приготовили для нас такие мастера
русской прозы, как Александр Пушкин, Иван Шмелев, Николай Гоголь, Андрей
Мельников-Печерский, Михаил Булгаков, Иван Гончаров, Борис Зайцев и
многие-многие другие «великие повара» русской литературы.

Вы получите удовольствие не только от перечитывания известных с детства замечательных отрывков, но и обогатите свой кулинарный опыт, узнав, как
можно приготовить любимые блюда героев «Войны и мира», «Обломова»,
«Мертвых душ», «Мастера и Маргариты» и «12 стульев».

До вас воочию донесется аромат гастрономических «чудес», которыми
потчевали в дворянских усадьбах, купеческих домах, малоросских избах и
московских трактирах.

Вы откроете для себя не только тайну приготовления блюд, волновавших
наше воображение и аппетит с детства, но и окунетесь в волны безудержного
русского гостеприимства, узнаете об обычаях и этикете русского застолья всех
сословий, секретах сервировки стола к каждому празднику.

Приготовив блюдо по Гоголю или по Булгакову, вы не только порадуете
своих гостей изысканной гастрономией, но и подарите минуты радости, при-
гласив их на описанную в литературе трапезу!

УДК 641
ББК 36.99

© ЗАО «Издательство «ЭКСМО-Пресс».
   Оформление, 2000
© Басова Е., Яновская М. Составление, 2000

ISBN 5-04-006474-8

Предисловие

Желудок просвещенного человека имеет лучшие качества доброго сердца, чувствительность и благодарность.

Александр Пушкин

Отношение к еде, к процессу приготовления и потребления пищи — важная составляющая культуры любого народа.

А русская кухня в этом плане явление уникальное, органичное, имеющее многовековую историю. Удивительное разнообразие блюд, принципов их сочетания, методов холодной и горячей обработки — все это отточено до самых мельчайших деталей и чрезвычайно рационально с позиций здорового питания. Именно оригинальность и рациональность русской кухни позволили ей сохранить под напором беспощадного времени и бешеного ритма жизни свою самобытность и привлекательность. К сожалению, отнюдь не всегда создатели и носители русских культурных и кулинарных традиций имели возможность питаться «от пуза», но, тем не менее, всегда относились с великим тщанием к их сохранению и укреплению. Подлинной вершиной эволюции русских кулинарных традиций является русское застолье: настоящий «праздник чревоугодия», когда в расчет принимается не только количество, вкусовые качества блюд и крепость напитков, но и своевременность их подачи и умение выбрать и поддержать за столом интересную, содержательную беседу. Тем, кто хотел бы принять участие в настоящем русском застолье, научиться питаться вкусно, изобретательно и полезно, узнать тонкости кулинарных секретов наших предков, ощутить на себе волшебную силу традиций, адресована эта книга. Она содержит широкий набор кулинарных рецептов горячих и холодных закусок, первых и вторых блюд, десертов, напитков и специальных кушаний, приготовляемых к определенным событиям и православным праздникам. Вашими проводниками по этому изобилию будут великие русские писатели: Лев Николаевич Толстой, Иван Андреевич Бунин, Федор Михайлович Достоевский, Александр Иванович Куприн, Антон Павлович Чехов, Николай Васильевич Гоголь, Иван Сергеевич Шмелев, Владимир Алексеевич Гиляровский, Михаил Афанасьевич Булгаков. Все они имели репутацию истинных гурманов, знавших толк в самых мудреных кулинарных изысках. С такими сопровождающими Вам не грозит опасность заблудиться в хитроумных лабиринтах русской национальной кухни. Картины известных русских художников помогут передать неповторимый колорит настоящего русского хлебосольства, а остроумные и точные иллюстрации одного из лучших современных художников книги Владимира Гальдяева сделают Ваше кулинарное путешествие легким и приятным.

Хочется надеяться, что даже самая искушенная хозяйка найдет в этой книге новые рецепты и полезные советы для совершенствования своего замечательного искусства и, вдохновившись ими, устроит своим домашним праздник настоящего застолья в лучших традициях русской жизни и русской литературы.

Интересного Вам чтения, ну и конечно же, приятного аппетита!

Закуски

И.С. Шмелев. «Лето Господне»

Отец подталкивает молодцов к закускам, а они что-то упираются — стыдятся словно. «Горка» уже уставлена, и такое на ней богатство, всего и не перечесть: глаза разбегаются смотреть. И всякие колбасы, и сыры разные, и паюсная и зернистая икра, сардины, кильки, копченые рыбы всякие — и семга красная, и лососинка розовая, и белорыбица, и королевские жирные селедки в узеньких разноцветных «лодочках», посыпанные лучком зеленым, с пучком петрушечьей зелени во рту; и сиг аршинный, сливочно-розоватый, с коричневыми полосками, с отблесками жирка, и хрящи разварные головизны, мягкие, будто кисель янтарный, и всякое заливное, с лимончиками-морковками, в золотистом ледку застывшее; и груда горячих пунцовых раков, и кулебяки, скоромные и постные, — сегодня день постный, пятница, — и всякий, для аппетиту, маринадец; и румяные расстегайчики с вязигой, и слоеные пирожки горячие, и свежие паровые огурчики, и шинкованная капуста, синекрасная, и почки в мадере, на угольках-конфорках, и всякие-то грибки в сметане — соленые грузди-рыжики... — всего и не перепробовать.

Отцу некогда угощать, все поздравители подходят. Он поручает молодцов Горкину и Василь Василичу. Старенький официант Зернышков накладывает молодцам в тарелочки того-сего, Василь Василич рюмочки наливает, чокается со всеми, а себе подливает из черной бутылки с перехватцем горькой, Горкину — икемчику, молодцам — хлебного винца, очищенной. И старшие банщицы тут, в павлиньих шалях, самые уважаемые: Домна Панферовна и Полугариха. Все диву прямо даются — как же парадно принимают! — царское прямо угощение.

Ветчина вареная

На 1 порцию: ветчина — 75 г, соус хрен с уксусом — 30 г, гарнир — 150 г, желе — 25 г, зелень.
Ветчину, окорок или рулет зачистить от кожи и засохшей, обветренной корочки, нарезать по 2 куска на порцию.
Гарнировать ветчину 2—3 видами гарнира: рубленым желе, маринованной краснокочанной или белокочанной капустой, корнишонами или огурцами, ломтиками помидоров, нарезанным и заправленным салатом.
Для украшения использовать веточки зелени, а также кусочки красиво нарезанного прозрачного желе.
Соус хрен с уксусом подать отдельно.

М. Булгаков. «Собачье сердце»

Н а разрисованных райскими цветами тарелках с черной широкой каймою лежала тонкими ломтиками нарезанная семга, маринованные угри. На тяжелой доске — кусок сыру в слезах, и в серебряной кадушке, обложенной снегом, — икра. Меж тарелками — несколько тоненьких рюмочек и три хрустальных графинчика с разноцветными водками. Все эти предметы помещались на маленьком мраморном столике, уютно присоседившемся у громадного резного дуба буфета, изрыгавшего пучки стеклянного и серебряного света. Посредине комнаты тяжелый, как гробница, стол, накрытый белой скатертью, а на ней два прибора, салфетки, свернутые в виде папских тиар, и три темных бутылки.

Свежая семга, разварная, под белым соусом

1,2 кг семги вымыть, осушить, сварить с белыми кореньями, 2 луковицами, 1 лавровым листом, 5—6 зернами черного перца, соль брать по ложечке на каждые три стакана воды. Когда будет готова, снять кожу, отделить хребтовую кость, нарезать порциями, сложить на блюдо, огарнировать разварным картофелем, облить следующим соусом: $^1/_2$ ложки масла поджарить

с ложкой муки, развести 2 стаканами рыбного отвара,
хорошенько прокипятить, положить $^1/_4$ ложечки толченого
перца, мелко изрубленной свежей петрушки,
менее $^1/_8$ мускатного ореха, ложку каперсов,
сок из $^1/_2$ лимона, вскипятить, отставить,
можно вбить 2 желтка, подогреть, мешая,
но не доводить до кипения.

Заливное из боровиков

В литре соленой воды отварить 350 г свежих
боровиков и мелко порубить. В $^1/_2$ стакана холодной
кипяченой воды всыпать 2 ст. л. желатина и дать
разбухнуть в течение часа. Затем желатин вылить в грибной
бульон, подогреть бульон на медленном огне до полного
растворения в нем желатина, но не доводя до кипения.
Залить грибы этим бульоном, когда остынут, поставить
в холодильник.
Для соуса: растереть добела желток, добавить горчицу,
50 г растительного масла, соль, сахар и по вкусу уксус.
К заливному можно подать горячий молодой картофель,
огурцы и помидоры.

Грибной омлет

250 г грибов нарезать мелкими дольками, тушить в масле
в течение 5—10 минут вместе с зеленью петрушки
и специями. Отдельно взбить белки (3 яйца), а из желтков,
муки (4 ст. л.) и минеральной воды приготовить тесто,
по густоте напоминающее сметану.
Все смешать с грибами и запекать на сковороде,
как обычный омлет.
Подавать в горячем виде с овощным салатом.

Салат из печени трески с яйцом

На 1 банку печени трески — 5 яиц, сваренных вкрутую,
2 крупные луковицы или 150 г зеленого лука,
перец черный молотый по вкусу. Печень трески нарезать
мелкими кусочками, яйца и репчатый лук (или зеленый)
мелко изрубить, все соединить, приправить солью,
перцем и жиром, оставшимся в банке, перемешать,
положить в салатник, украсить цветком из яйца,
кольцами лука, зеленью.

Салат из маринованных грибов

На 300 г маринованных грибов — 1 яблоко, 2 луковицы, 3 ст. л. растительного масла, соль, перец черный молотый, зелень укропа.

Грибы нарезать соломкой, лук — кольцами, яблоко натереть на крупной терке, все соединить, приправить солью, перцем, растительным маслом. Положить в салатник, украсить кольцами лука, посыпать мелко нарезанной зеленью укропа.

Холодная стерлядь

Взять хорошую большую стерлядь, вымыть и вычистить хорошенько, нарезать луку, огурцов, лимона, прибавить гвоздики, перца, лаврового листа, подлить уксуса, прибавить немного воды и все это смешать хорошенько и, облив рыбу, поставить вариться. Когда рыба достаточно уварится, влить рюмки две виноградного вина, затем стерлядь положить на блюдо, подлить бульона, в котором она варилась, затем обложить каперсами, оливками, огурцами и остудить.
(Из старинных рецептов)

Краснокочанная капуста, тушенная с яблоками

600 г краснокочанной капусты, 1 луковица, 200 г яблок, растительное масло, вода, соль, сахар, яблочный сок или желе из красной или черной смородины, 2 бутона гвоздики, корица.

Обжарить мелко нарезанный лук в разогретом масле, добавить нарезанную соломкой капусту, перемешивая, довести до полуготовности, затем добавить немного горячей воды, яблочный сок или желе. Тушить под крышкой, добавив соль, сахар, натертые на крупной терке или нарезанные соломкой яблоки, специи. В готовом блюде не должно быть жидкости.

Салат из красной свеклы с хреном

600 г красной свеклы, 1—2 ст. л. тертого хрена, уксус, соль и сахар по вкусу.

Некрупную, тщательно вымытую свеклу сварить. После охлаждения очистить и нарезать мелкими ломтиками или протереть. Перемешать свеклу с протертым хреном, приправить уксусом, солью и сахаром по вкусу.

М. Булгаков. «Собачье сердце»

З ина внесла серебряное крытое блюдо, в котором что-то ворчало. Запах от блюда шел такой, что рот пса немедленно наполнился жидкой слюной. «Сады Семирамиды!» — подумал он и застучал, как палкой, по паркету хвостом.

— Сюда их! — хищно скомандовал Филипп Филиппович. — Доктор Борменталь, умоляю вас, оставьте икру в покое! И, если хотите послушаться доброго совета, налейте не английской, а обыкновенной русской водки.

Красавец тяпнутый (он был уже без халата, в приличном черном костюме) передернул широкими плечами, вежливо ухмыльнулся и налил прозрачной водки.

— Новоблагословенная? — осведомился он.

— Бог с вами, голубчик, — отозвался хозяин. — Это спирт. Дарья Петровна сама отлично готовит водку.

— Не скажите, Филипп Филиппович, все утверждают, что очень приличная. Тридцать градусов.

— А водка должна быть в сорок градусов, а не в тридцать — это во-первых, — наставительно перебил Филипп Филиппович, — а во-вторых, Бог их знает, чего они туда плеснули. Вы можете сказать, что им придет в голову?

— Все, что угодно, — уверенно молвил тяпнутый.

— И я того же мнения, — добавил Филипп Филиппович и вышвырнул одним комком содержимое рюмки себе в горло, — э... мм... доктор Борменталь, умоляю вас: мгновенно эту штучку, и, если вы скажете, что это... я ваш кровный враг на всю жизнь! «От Севильи до Гренады...»

Сам он с этими словами подцепил на лапчатую серебряную вилку что-то похожее на маленький темный хлебик. Укушенный последовал его примеру. Глаза Филиппа Филипповича засветились.

— Это плохо? — жуя, спрашивал Филипп Филиппович. — Плохо? Вы ответьте, уважаемый доктор.

— Это бесподобно, — искренне ответил тяпнутый.

— Еще бы... Заметьте, Иван Арнольдович: холодными закусками и супом закусывают только недорезанные большевиками помещики. Мало-мальски уважающий себя человек оперирует с закусками горячими. А из горячих московских закусок это — первая. Когда-то их великолепно приготовляли в «Славянском базаре». На, получай!

— Пса в столовой прикармливаете, — раздался женский голос, — а потом его отсюда калачом не выманишь.

— Ничего... Он, бедняга, наголодался. — Филипп Филиппович на конце вилки подал псу закуску, принятую тем с фокусной ловкостью, и вилку с грохотом свалил в полоскательницу.

Засим от тарелок подымался пахнущий раками пар, пес сидел в тени скатерти с видом часового у порохового склада, а Филипп Филиппович, заложив хвост тугой салфетки за воротничок, проповедовал:

— Еда, Иван Арнольдович, штука хитрая. Есть нужно уметь, и представьте, большинство людей вовсе есть не умеет. Нужно не только знать, чтó съесть, но и когда и как. (Филипп Филиппович многозначительно потряс ложкой.) И что при этом говорить, да-с! Если вы заботитесь о своем пищеварении, вот добрый совет: не говорите за обедом о большевизме и о медицине. И, Боже вас сохрани, не читайте до обеда советских газет!

Цельные вареные раки

Крупных живых раков опустить в большое количество холодной воды, помешать деревянной лопаточкой, ополоснуть от грязи, откинуть на решето, дать воде стечь, опустить в небольшое количество подсоленного кипятка, в котором предварительно вскипятить пучок укропа. Варить раков 5 минут. Подавать горячими. Вынимать дуршлачной ложкой, выложить на блюдо горкой, украсить свежей листвой петрушки.

М. Булгаков. «Иван Васильевич»

Дьяк *(входит)*. Татарский князь Едигей к государю.
Милославский. Э, нет! Этак я из сил выбьюсь. Объявляю перерыв на обед.
Дьяк. Царь трапезовать желает.

Тотчас стольники вносят блюда, за стольниками появляются гусляры.

Милославский. Нет, у них хорошо поставлено дело. В «Метрополе» ждешь, ждешь, пока тебе салатик подадут... Душу вымотают!..
Бунша. Это сон какой-то!

Милославский *(дьяку)*. Это что?

Дьяк. Почки заячьи верченые да головы щучьи с чесноком... икра, кормилец... Водка анисовая, приказная, кардамонная, как желаешь.

Милославский. Красота!.. Царь, по стопочке с горячей закуской!.. *(Пьет.)* Ко мне, мои тиуны, опричники мои!

Икра из баклажанов

На 300 г баклажанов — $1/2$ головки лука,
2 ст. л. растительного масла, 1 помидор.
Баклажаны испечь или сварить, снять кожицу, мякоть изрубить, добавить слегка обжаренные лук и помидор, соль, перец, растительное масло и немного уксуса; все это перемешать, проварить на легком огне для удаления излишней влаги и охладить.

И. Ильф и Е. Петров. «Золотой теленок»

Варвара молча швырнула мешок на пол, поспешно стащила с головы соломенный капор и, бормоча: «взбесившийся самец», «тиран», «собственник», торопливо сделала бутерброд с баклажанной икрой.

— Ешь! — сказала она, поднося пищу к пунцовым губам мужа. — Слышишь, Лоханкин? Ешь сейчас же. Ну!

— Оставь меня, — сказал он, отводя руку жены.

Пользуясь тем, что рот голодающего на мгновение открылся, Варвара ловко впихнула бутерброд в отверстие, образовавшееся между фараонской бородкой и подбритыми московскими усиками. Но голодающий сильным ударом языка вытолкнул пищу наружу.

— Ешь, негодяй! — в отчаянии крикнула Варвара, тыча бутербродом. — Интеллигент!

Икра из баклажанов с яблоками

Баклажаны испечь в духовке, отделить мякоть от кожицы, поджарить на растительном масле и охладить. Половину очищенного репчатого лука нашинковать и спассеровать, а вторую натереть на терке. Баклажаны и лук смешать, мелко порубить, заправить тертыми сырыми очищенными яблоками, сахаром, солью, перцем, уксусом и растительным маслом.

На 1 кг баклажанов: 200 г яблок, 2 ст. л. растительного масла, 0,5 ст. л. 9%-ного уксуса, 2 луковицы, 1 ст. л. сахара, соль, перец по вкусу.

П. Мельников-Печерский. «В лесах»

— Ну, гости дорогие, любезненькие вы мои, — сказал отец Михаил, оставшись с ними в опустевшей келарне, — теперь я вас до гостиного двора провожу, там и успокоитесь... А ты, отец будильник, гостям-то баньку истопи, с дороги-то пускай завтра попарятся... Да пожарче, смотри, топи, чтоб и воды горячей, и щелоку было довольно, а веники в квасу распарь с мятой, а в воду и в квас, что на каменку поддавать, тоже мятки положь да калуферцу... Чтоб все у меня было хорошо... Не осрами, отче, перед дорогими гостями, порадей, чтоб возлюбили убогую нашу обитель.

— В исправности будет, отче святый, — смиренно отвечал будильник, низко кланяясь. — Постараюсь гостям угодить.

— Коням-то засыпал ли овсеца-то, отец-казначей? — спрашивал игумен, переходя из келарни в гостиницу. — Засыпал бы без меры, сколько съедят... Да молви, не забудь, отцу Спиридонию, приезжих работников хорошенько бы успокоил... Ах вы, мои любезненькие! Ах вы, касатики мои!.. Каких гостей-то мне Бог даровал!.. Беги-ка ты, Трофимушка, — молвил игумен проходившему мимо бельцу, — беги в гостиницу, поставь фонарь на лестнице, да молви, самовар бы на стол ставили, да отец келарь медку бы сотового прислал, да клюковки, да яблочков, что ли, моченых... Ненароком приехали-то вы ко мне, гости любезные, не взыщите... Не изготовился принять вас как надобно.

В гостинице, в углу большой, не богато, но опрятно убранной горницы, поставлен был стол, и на нем кипел ярко вычищенный самовар. На другом столе отец гостиник Спиридоний расставлял тарелки с груздями, мелкими рыжиками, волнухами и варенными в уксусе белыми грибами, тут же явились и сотовый мед, и моченая брусника, и клюква с медом, моченые яблоки, пряники, финики, изюм и разные орехи. Среди этих закусок и заедок стояло несколько графинов с настойками и наливками, бутылка рому, другая с мадерой ярославской работы.

— Садитесь, гости дорогие, садитесь к столику-то, любезненькие мои, — хлопотал отец Михаил, усаживая Патапа Максимыча в широкое мягкое кресло, обитое черной кофтью, изукрашенное гвоздиками с круглыми медными шляпками. — Разливай, отец Спиридоний... Да что это лампадки-то не зажгли перед иконами?.. Малец, — крикнул игумен молоденькому бельцу, с подобострастным видом стоявшему в передней, — затепли лампадки-то да в боковушках у гостей тоже затепли... Перед чайком-то настоечки, Патап Максимыч, — прибавил он, наливая рюмку. — Ах ты, мой любезненькой!

— Да не хлопочи, отец Михаил, — говорил Патап Максимыч, — напрасно.

— Как же это возможно не угощать мне таких гостей? — отвечал игумен. — Только уж не погневайтесь, ради Христа, дорогие мои, не взыщите у старца в келье — не больно-то мы запасливы... Время не такое — приехали на хрен да на редьку... Отец Спиридоний, слетай-ка, родименький, к отцу Михею, молви ему тихонько — гости, мол, утрудились, они же, дескать, люди в пути сущие, а отцы святые таковым пост разрешают, прислал бы сюда икорки, да балычка, да селедочек копченых, да провесной белорыбицы. Да взял бы звено осетринки, что к масленой из Сибири привезли, да белужинки малосольной, да севрюжки, что ли, разварил бы еще.

Отец Спиридоний низко поклонился и пошел исполнить игуменское повеление.

— Что же настоечки-то?.. Перед чайком-то?.. Вот зверобойная, а вот зорная, а эта на трефоли настояна... А не то сладенькой не изволишь ли?.. Яким Прохорыч, ты, любезненькой мой человек знакомый, и ты тоже, Самсон Михайлович, вас потчевать много не стану. Кушайте, касатики, сделайте божескую милость.

Выпили по рюмочке, закусили сочными яранскими груздями и мелкими вятскими рыжиками, что зовутся «бисерными»...

— Отец Михаил, да сам-то ты что же? — спросил Патап Максимыч, заметив, что игумен не выпил водки.

— Наше дело иноческое, любезненькой ты мой Патап Максимыч, а сегодня разрешения на вино по уставу нет, — отвечал он. — Вам, мирянам, да еще в пути сущим, разрешение на вся, а нам, грешным, не подобает.

Грибная икра

Эту икру готовят из сушеных или соленых грибов, а также из их смеси.
Вымойте и сварите до готовности сушеные грибы, охладите, мелко нарубите или пропустите через мясорубку.

Соленые грибы надо промыть в холодной воде и также нарубить.

Мелко рубленный репчатый лук поджарьте на растительном масле, добавьте грибы и тушите 10—15 минут.

За три минуты до окончания тушения добавьте толченый чеснок, уксус, перец, соль.

Готовую икру выложите на тарелку горкой и посыпьте зеленым луком.

А. П. Чехов. «В овраге»

Село Уклеево лежало в овраге, так что с шоссе и со станции железной дороги видны были только колокольня и трубы ситценабивных фабрик. Когда прохожие спрашивали, какое это село, то им говорили:

— Это то самое, где дьячок на похоронах всю икру съел.

Как-то на поминках у фабриканта Костюкова старик дьячок увидел среди закусок зернистую икру и стал есть ее с жадностью; его толкали, дергали за рукав, но он словно окоченел от наслаждения: ничего не чувствовал и только ел. Съел всю икру, а в банке было фунта четыре. И прошло уж много времени с тех пор, дьячок давно умер, а про икру всё помнили. Жизнь ли была так бедна здесь, или люди не умели подметить ничего, кроме этого неважного события, происшедшего десять лет назад, а только про село Уклеево ничего другого не рассказывали.

Икра любых видов сейчас идет преимущественно на закусочный стол — для бутербродов. А раньше ее использовали для горячего стола. К блинам — лучше всего красная, в супе-калье (рыбный суп из морских жирных рыб) — черная икра, к картофельным блюдам — черная и красная, икра частиковых рыб.

Икра из соленых огурцов

Огурцы соленые — 1 кг, лук репчатый — 200 г, томат-пюре — 50 г, масло растительное — 40 г, соль и перец по вкусу.

Мелко изрубите соленые огурцы, из полученной массы отожмите сок.

Поджарьте на растительном масле мелко нарезанный репчатый лук, добавьте измельченные огурцы и продолжайте жарить на слабом огне в течение получаса, затем положите томат-пюре и все вместе жарьте еще 15—20 минут. За минуту до готовности заправьте икру молотым перцем.

Таким же образом можно приготовить икру из соленых помидоров.

Салат картофельный с груздями

На 300 г соленых груздей — 400 г картофеля, 2 головки репчатого лука, соль, перец черный молотый, 2 ст. л. растительного масла.

Отваренный в «мундире» картофель очистить, нарезать ломтями, лук — кольцами. Приправить по вкусу солью, перцем, растительным маслом.

Грибы по-гусарски

На 100 г сушеных грибов: репчатый лук — 100 г, растительное масло — 50 г, уксус 9%-ный — 50 г, сахар — $1/2$ ч. л., перец, соль, вода для маринада — 200 г.

Сушеные грибы тщательно промывают, замачивают, отваривают и нарезают соломкой.

Отдельно готовят маринад. Пассерованный на растительном масле репчатый лук добавляют в процеженный грибной бульон, а также уксус, соль, сахар и перец. Варят 5—10 минут. Охлаждают.

Грибы заливают охлажденным маринадом.

М. Булгаков. «Записки покойника»

Многоведерный блестящий самовар за прилавком первым бросался в глаза, а вслед за ним маленького роста человек, пожилой, с нависшими усами, лысый и столь печальными глазами, что жалость и тревога охватывали каждого, кто не привык еще к нему. Вздыхая тоскливо, печальный человек стоял за прилавком и глядел на груду бутербродов с кетовой икрой и с сыром брынзой. Актеры подходили к буфету, брали эту снедь, и тогда глаза буфетчика наполнялись слезами. Его не радовали ни деньги, которые платили за бутерброды, ни сознание того, что он стоит в самом лучшем месте столицы, в Независимом театре. Ничто его не радовало, душа его, очевидно, болела при мысли, что вот съедят все, что лежит на блюде, съедят без остатка, выпьют весь гигантский самовар.

Брынза — разновидность сыра

Ее приготовляют из коровьего или овечьего молока, которое створаживают сычужным ферментом. Получившийся сгусток выдерживают для созревания в специальном рассоле. Поэтому брынза соленая — в ней содержится до 6% соли.

Питательные достоинства брынзы высоки. Как и в молоке, в ней много полноценного белка: 17 г на 100 г брынзы. Это столько же, сколько в таком же количестве мяса. В брынзе много поваренной соли, и она задерживает жидкость в организме. Соленость брынзы можно уменьшить. Для этого ее небольшими кусками погружают в кипяченую воду или в молоко комнатной температуры и выдерживают так в течение 12 часов.

Заливать брынзу кипятком ни в коем случае не следует, т.к. уменьшается питательная ценность брынзы, ухудшается ее вкус.

Брынза «Капама»

Брынза — 200 г, репчатый лук — 200 г, помидоры — 80 г, растительное масло — 50 г, сливочное масло — 10 г.

В глубокой сковороде или кастрюле с толстым дном обжаривают мелко нарезанный лук. Туда же кладут мелко нарезанные помидоры и минут 5 тушат. После этого опускают одним или двумя кусками брынзу так, чтобы и сверху и снизу был лук с помидорами, закрывают крышкой и тушат на слабом огне 10—15 минут.

Едят горячей, посыпав мелко нарезанной зеленью петрушки. Для остроты можно добавить черный перец.

Салат из брынзы

Помидоры — 100 г, зелень петрушки — 30 г, брынза — 20 г. Помидоры режут кружочками, петрушку — крупно, а брынзу натирают на терке. Заправляют салат сметаной или растительным маслом.

В. А. Гиляровский. «Москва и москвичи»

Первые годы в Москве Чеховы жили бедно. Отец служил приказчиком у галантерейщика Гаврилова. Михаил Павлович и Мария Павловна учились еще в гимназии. Мы с женой часто бывали тогда у Чеховых — они жили в маленькой квартире в Головином переулке, на Сретенке. Веселые это были вечера! Все, начиная с ужина, на который подавался почти всегда знаменитый таганрогский картофельный салат с зеленым луком и маслинами, выглядело очень скромно, ни карт, ни танцев никогда не бывало, но все было проникнуто какой-то особой теплотой, сердечностью и радушием.

Салат из молодого картофеля

1 кг молодого картофеля, соль, 4 сваренных вкрутую яйца, 250 г сметаны, 3 ч. л. столового уксуса, щепотка сахара, зелень петрушки.

Молодой картофель отварить в «мундире», очистить, нарезать кружочками, сбрызнуть уксусом.

Желтки вынуть и тщательно растереть, добавляя по 1 ложке сметаны.

Соус приправить сахаром, солью, уксусом, мелко нарезанными белками и зеленью петрушки.

Соусом залить картофель, выдержать 30 минут на холоде.

Салат картофельный с капустой

600 г картофеля, 200 г свежей капусты, 2 яйца, зелень укропа, 250 г сметаны, соль.

Картофель отварить, еще не остывший нарезать кубиками.

Капусту нашинковать тонкой соломкой.

Сваренные вкрутую яйца нарезать кружочками, все смешать, посолить, приправить сметаной, посыпать мелко нарезанным укропом.

Салат картофельный с грибами

Отварить отдельно 300 г картофеля и 100 г свежих грибов, нарезать их кубиками, соединить с мелко нарубленной луковицей, посолить, полить салатной заправкой (5 ст. л.), смешанной с грибным отваром, украсить листьями зеленого салата, укропом и порезанными на дольки помидорами.

Салатная заправка: перемешать 4 ст. л. растительного масла, $1/4$ ч. л. столовой горчицы, по $1/2$ ч. л. соли и сахара, 5 ст. л. уксуса, молотый черный перец на кончике ножа.

Салат русский

На 300 г рыбы: 3 картофелины, 1 свекла, 1 морковь, 2 соленых огурца, 100 г растительного масла, соль, перец черный молотый по вкусу, 3—5 горошин черного перца, 2 лавровых листа.
Рыбу отварить с пряностями, охладить, нарезать кусочками. Картофель, свеклу, морковь отварить, охладить, нарезать мелкими кубиками, так же нарезать соленые огурцы.
Все соединить, приправить солью, черным молотым перцем, растительным маслом.

Салат из редьки

На 400 г редьки: 1—2 головки репчатого лука, 1 вареная морковь, зелень петрушки, укропа, соль, растительное масло.
Редьку вымыть, очистить, натереть на крупной терке, смешать с мелко нарезанным луком, посолить, заправить маслом. Украсить салат цветком из моркови и зеленью петрушки.
К салату подать гренки из ржаного хлеба.

Салат картофельный

Отварной картофель, морковь и огурцы нарезать кубиками, лук мелко нарезать, смешать с овощами и заправить. Такой салат можно приготовить с клюквой или брусникой (2—3 чайные ложки). Рыбу положить по краям горки салата, сверху посыпать зеленью.
1 банка консервов «Сайра», «Лосось» или других, 4 картофелины, 2 свежих или соленых огурца, 1 стакан зеленого горошка без жидкости, 1/2 головки репчатого лука, салатная заправка, рубленая зелень, 1 вареная морковь.

Салат картофельный с чесноком

Очищенный картофель нарезать кубиками, отварить до полуготовности в подсоленной воде, воду слить, закрыть крышкой и довести до готовности на пару. Картофель охладить и положить в салатник. Очищенный чеснок растолочь с солью, заправить растительным маслом и уксусом, перемешать, полученным соусом приправить картофель, посыпать мелко нарезанным зеленым луком.

В. А. Гиляровский. «Москва и москвичи»

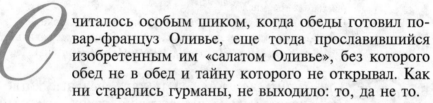

Считалось особым шиком, когда обеды готовил по-
вар-француз Оливье, еще тогда прославившийся
изобретенным им «салатом Оливье», без которого
обед не в обед и тайну которого не открывал. Как
ни старались гурманы, не выходило: то, да не то.

Салат «Оливье»

1 курица, 4—5 штук картофеля, 2 свежих или соленых
огурца, 100 г зеленого салата, 2 яйца, 1 столовая ложка
уксуса, соус майонез.
Мякоть вареной курицы, картофель, огурцы, сваренное
вкрутую яйцо нарезать тонкими ломтиками, листья салата
мелко порезать, сложить все в миску, посолить, смешать с
соусом майонез, добавить уксус и 1/2 чайной ложки
сахарной пудры.
Салат сложить горкой в салатник и украсить листьями
салата, дольками помидора, огурцов и зеленью.

Салат из птицы «Столичный»

На 1 порцию: птица готовая — 60 г, картофель — 60 г,
огурцы свежие, соленые или маринованные — 40 г,
салат зеленый — 10 г, шейки раковые — 10 г, яйца — 45 г,
томатный соус — 15 г, майонез — 70 г, маслины — 10 г.
Вареную или жареную птицу, вареный очищенный
картофель, огурцы, яйца, сваренные вкрутую, нарезать

тонкими ломтиками, листья зеленого салата мелко нашинковать. Все смешать, заправить соусом майонез, для вкуса добавить томатный соус. После перемешивания уложить салат горкой в салатник и оформить кружками крутого яйца, листьями салата, кружками огурцов. На салат можно положить раковые шейки или кусочки консервированных крабов и маслины.

И.С. Шмелев. «Богомолье»

Будут варить компот, делать картофельные котлеты с черносливом и шепталой, горох, маковый хлеб с красивыми завитушками из сахарного мака, розовые баранки, «кресты» на Крестопоклонной... Мороженая клюква с сахаром, горох моченый, бублики и сайки, изюм кувшинный.

Картофельные котлеты с черносливом

Сделайте пюре из 400 г отварного картофеля, посолите, добавьте полстакана растительного масла, полстакана теплой воды и столько муки, чтобы получилось некрутое тесто.

Дайте постоять минут двадцать, чтобы мука разбухла, в это время приготовьте чернослив — очистите его от косточек, залейте кипятком.

Раскатайте тесто, нарежьте стаканом кружки, в середину каждого положите чернослив, сформируйте котлеты, защемив тесто в виде пирожков, обваляйте каждую котлету в панировочных сухарях и жарьте на сковороде в большом количестве растительного масла.

И.С. Шмелев. «Богомолье»

Ымит самовар на травке. Антипушка с Горкиным делают мурцовку: мнут толкушкой в чашке зеленый лук, кладут кислой капусты, редьки, крошат хлеба, поливают конопляным маслом и заливают квасом. Острый запах мурцовки мешается с запахом цветов. Едим щербатыми ложками, а Федя грызет сухарик.

Редька с маслом

Редька — 100 г, лук репчатый — 20 г, масло растительное — 5 г, соль, сахар, уксус, зелень по вкусу. Натрите на мелкой терке вымытую и очищенную редьку. Добавьте соль, сахар, мелко нарезанный репчатый лук, растительное масло, уксус. Все хорошо размешайте, дайте несколько минут постоять. Затем положите в салатник горкой, украсьте нарубленной зеленью.

Редька с квасом или уксусом

На 125 г редьки: квас — 20 г или 3%-ный уксус — 10 г, зеленый лук — 15 г.
Очистить и натереть редьку, посолить, добавить растительное масло, квас или уксус.

С. Т. Аксаков. «Семейная хроника»

Можно себе представить, что обед был приготовлен на славу. На этот раз Степан Михайлыч отказался от всех исключительно любимых блюд: сычуга, жареного свиного хребта (красная часть) и зеленой ржаной каши. Достали где-то другого повара, поискуснее. О столовых припасах нечего и говорить: поеный шестинедельный теленок, до уродства откормленная свинья и всякая домашняя птица, жареные бараны — всего было припасено вдоволь. Стол ломился под кушаньями, и блюда не умещались на нем, а тогда было обыкновенье все блюда ставить на стол предварительно. История началась с холодных кушаний: с окорока ветчины и с буженины, прошпигованной чесноком; затем следовали горячие: зеленые щи и раковый суп, сопровождаемые подовыми пирожками и слоеным паштетом; непосредственно затем подавалась ботвинья со льдом, с свежепросольной осетриной, с уральским балыком и целою горою чищеных раковых шеек на блюде; соусов[1] было только

---

[1] Соусом в XIX веке называли не только приправу, но и блюда из мяса, рыбы, птицы, овощей, которые подавались с подливкой, образовавшейся в результате их тушения.

два: с солеными перепелками на капусте и с фаршированными утками под какой-то красной слизью с изюмом, черносливом, шепталой и урюком. Соусы были уступка моде. Степан Михайлыч их не любил и называл болтушками. Потом показался чудовищной величины жирнейший индюк и задняя телячья нога, напутствуемые солеными арбузами, дынями, мочеными яблоками, солеными груздями и опенками в уксусе; обед заключился кольцами с вареньем и битым или дутым яблочным пирогом с густыми сливками. Все это запивалось наливками, домашним мартовским пивом, квасом со льдом и кипучим медом. И все это кушали, не пропуская ни одного блюда, и всё благополучно переносили гомерические желудки наших дедов и бабок! Кушали не торопясь, и потому обед продолжался долго. Кроме того, что блюд было много, и блюд, как мы видели, основательных, капитальных, лакеи, как свои, так и гостиные (то есть приехавшие с гостями), служить не умели, только суетились и толкались друг о друга, угрожая беспрестанно облить кого-нибудь соусом или соком из-под буженины.

Соус из сметаны к рыбе

Хорошо перемешать 3 желтка, 1 ч. л. муки, 250 г густой сметаны, 1 десертную ложку топленого масла и немного соли. Вылив все в кастрюлю, варить на слабом огне до образования полугустой массы, все время помешивая. Затем добавить десертную ложку горчицы, тщательно перемешать.

Такой соус, кроме рыбы, можно подавать и к овощам.

Соус к холодной рыбе

Вымесить в густую, пенистую массу 3 желтка, сваренных вкрутую, вместе с 3 сырыми желтками, 1 ч. л. горчицы, небольшим количеством соли и сахара и 4—5 ст. л. растительного масла, подливаемого медленно по каплям.

Затем прибавить перец по вкусу, уксус или лимонную кислоту.

Такой соус можно подать к холодной рыбе или другим холодным блюдам.

Белый рыбный соус

Поджарить 1 ст. л. муки с 1 ст. л. топленого масла, ввести тонкой струйкой при постоянном помешивании горячий рыбный бульон, варить 40—50 минут, процедить. Отдельно пассеровать мелко нарезанные лук и корень петрушки, не допуская изменения цвета. Соединить обе пассеровки, соус заправить солью, перцем, лимонным соком, прокипятить на слабом огне 5—7 минут и подать к припущенной или вареной рыбе. К соусу можно добавить нарубленные яйца, зелень петрушки.

Старинный рецепт соуса к рисовым и картофельным котлетам

На 4—5 штук сухих белых грибов — 1 луковица, 1 ст. л. муки, 2 ст. л. масла, 200 г изюма, 50 г орехов, $1/_2$ лимона, сахар и соль.

Сушеные грибы промыть, залить водой, сварить бульон. Рубленый лук пожарить на постном масле с мукой, влить 1 стакан грибного бульона, хорошо прокипятить. Изюм и орехи (лучше всего миндаль) обланжирить, т.е. дать им несколько раз вскипеть в небольшом количестве воды. Добавить в соус изюм, орехи, лимонный сок, сахар, соль, все еще раз вскипятить.

Соус щавельный

Очистить от прожилок щавель, мелко нарезать или пропустить через мясорубку. Тушить в растопленном сливочном масле до готовности. Посыпать мукой, немного прожарить, развести водой и варить, пока не загустеет. Прибавив сметану в большом количестве, прокипятить еще раз в течение 3—5 минут.

Если щавель слишком кислый, надо сперва облить его кипятком и только потом нарезать и тушить.

Сметанный соус с хреном

100 г хрена мелко натереть, слегка поджарить с 20 г масла, 1 ст. л. муки. Добавить 1 ст. л. уксуса, 1 ч. л. сахара, посолить, поперчить, затем добавить стакан сметаны и прокипятить.

В этот соус можно добавить очищенные и натертые на мелкой терке яблоки и сок лимона.

Соус томатный

Свежие помидоры нарезать дольками, сварить до готовности, пропустить через сито.

Приготовить светло-коричневую заправку и прибавить томат-пюре.

Развести немного водой, посолить, положить по вкусу сахар. Прокипятить в течение 5 минут.

Из зрелых помидоров можно приготовить соус без мучной заправки, сварив пропущенную через сито массу до загустения.

Заправить щепоткой соли и сахарного песка.

Получится ароматный вкусный томатный соус.

Коричневый соус

2 ст. л. растительного масла, 2 ст. л. муки, 0,5 л воды, 1 лавровый лист, соль, перец.

В кастрюльке спассеровать муку до светло-коричневого цвета в растительном масле, развести водой, проварить, помешивая, добавить соль и специи.

Другой вариант томатного соуса

2 ст. л. растительного масла, 1 ст. л. муки, 1 морковь, 1 корень петрушки, 1 луковица, 1 ст. л. томата-пасты, 0,5 л воды, соль, сахар.

Очищенный репчатый лук и петрушку мелко нарезать, морковь натереть на средней терке.

В кастрюле разогреть растительное масло, опустить в него приготовленные овощи и, помешивая, обжарить.

Добавить муку и томат, прогреть, разбавить водой, варить 10—15 минут.

Грибной соус

Сушеные грибы замочить на 2—4 часа и отварить, свежие — обварить кипятком. Нашинковать грибы мелкой соломкой и обжарить с луком, добавить муку, прогреть, развести жидкостью, посолить, посыпать перцем.

Если использовались сушеные грибы, то соус можно развести грибным отваром.

200 г шампиньонов (или 50 г сушеных грибов), 2 ст. л. растительного масла, 1 головка репчатого лука, 0,5 л воды, 1 ст. л. муки, соль, перец, мелко нарезанная зелень.

Соус из тертых сухарей

4 ст. л. растительного масла, 2 ст. л. тертых сухарей. Сушеный белый хлеб натереть на терке или измельчить в мясорубке, всыпать сухари в сковородку с разогретым растительным маслом и обжарить до золотистого цвета.

Первые блюда

И.С. Шмелев. «Лето Господне»

О тец отдает распоряжения. У Титова, от Москворецкого, для стола — икры свежей, троечной, и ершей к ухе. Вязиги у Колганова взять, у него же и судаков с икрой, и наваги архангельской, семивершковой. В Зарядье — снетка белозерского, мытого. У Васьки Егорова из садка стерлядок...

— Преосвященный у меня на блинах будет в пятницу! Скажешь Ваське Егорову, налимов мерных пару для навару дал чтобы и плес сомовий. У Палтусова икры для кальи, с отонками, пожирней, из отстоя...

— П-маю-ссс... — говорит Косой, и в горле у него хлюпает. Хлюпает и у меня, с гулянья.

— В Охотном у Трофимова — сигов пару, порозовей. Белорыбицу сам выберу, заеду. К ботвинье свежих огурцов. У Егорова в Охотном. Понял?

— П-маю-ссс... Лещика еще, может?.. Его первосвященство сказывали?..

— Обязательно леща! Очень преосвященный уважает. Для заливных и по расстегаям — Гараньку из Митриева трактира. Скажешь — от меня. Вина ему — ни капли, пока не справит!.. Как мастер — так пьяница!..

— Слабость... И винца-то не пьет, рябиновкой избаловался. За то из дворца и выгнали... Как ему не дашь... запасы с собой носит!

— Тебя вот никак не выгонишь, подлеца!.. Отыми, на то ты и...

— В прошлом годе отымал, а он на меня с ножо-ом!.. Да он и нетверезый не подгадит, кухарку вот побить может... выбираться уж ей придется. И с посудой озорничает, все не по нем. Печку велел перекладать, такой-то царь-Соломон!..

Я рад, что будет опять Гаранька и будет дым коромыслом. Плотники его свяжут к вечеру и повезут на дровнях в трактир с гармоньями.

Уха

Уху можно варить из любой рыбы, за исключением карася и линя. Для придания ухе необходимой клейкости мелкую рыбу — ершей и окуней — следует варить, не счищая с них чешуи, выпотрошенными, тщательно промытыми.

У окуней, кроме внутренностей, надо удалить и жабры, иначе бульон получит горьковатый привкус.

Подготовленную рыбу положить в кастрюлю, залить холодной водой, добавить очищенные коренья, лук, соль, лавровый лист и варить при медленном кипении от 40 минут до часа. После этого бульон процедить. В самом начале варки в уху можно прибавить сырой очищенный картофель.

Уха из ершей

Как мясной бульон, чем больше в нем мяса, тем он вкуснее, так точно и уха, и всякий рыбный суп.

На хорошую наваристую уху необходимо не менее 3 кг рыбы, чтобы получилось 6—8 тарелок. Чтобы получилась вкусная и крепкая уха, нужно брать несколько сортов рыбы, чтобы придать ухе необходимые качества: клейкость, нежность и сладость; так, например, ерши и окуни придают ухе и вкус, и клейкость, а сиг и налим — нежность и сладость.

Рыбу очистить, выпотрошить, вымыть, опустить в кастрюлю с 4 литрами холодной воды, положить 2 луковицы, пучок зелени, 3 горошины черного перца и 4 горошины душистого, 1 лавровый лист, посолить 1 чайной ложкой соли и варить 2 часа, пока ерши не разварятся совершенно, превратившись в кашу, а количество воды не уменьшится почти вдвое. Затем процедить отвар и вскипятить снова. Можно прибавить для вкуса, отварив отдельно в малом количестве ухи, 12 штук нерассыпчатого картофеля. Кипящую уху досолить и за десять минут до окончания варки добавить филе из окуня. Приправить уху свежим укропом.

И. С. Шмелев. «Лето Господне»

Именинный обед у нас всегда только с близкими родными. А тут и монахи чего-то позадержались, пришлось и их пригласить. День выпал постный, так что духовным лицам и постникам рыбное подавали, лучше даже скоромного. И как подали преосвященному бульон на живых ершах и парочку расстегайчиков стерляжьих с зернистой икоркой свежей, «архиерейской» — такую только рыбник Колганов ест, — архиерей и вопрошает, откуда такое диво — крендель. Как раз за его спиной крендель был, он уж его приметил, да и дух от кренделя истекал, миндально-сладкий, сдобный такой, приятный. Отец и сказал, в чем дело. И отец Виктор указал на поучительный смысл кренделя сего. Похвалил преосвященный благое рвение, порадовался, как наш христолюбивый народ ласку ценит. А тут тетя Люба — «стрекотуньей» ее зовут, всегда она бухнет сперва, а потом уж подумает — и ляпни:

— Это, преосвященный владыка, не простой крендель, а в нем сердце человеческое, и ему за то трезвон был!

Уха сборная

На 500 г хека 250 г ставриды, 250 г скумбрии, 1,5 л воды, 2 ст. л. сливочного масла, 1 морковь, 1 головка репчатого лука, зелень петрушки, перец молотый, соль по вкусу.
Из костей, головы (без жабер), плавников рыбы сварить бульон. Лук и морковь натереть на терке, поджарить на сливочном масле и положить в бульон. Порционные куски рыбы (филе с кожей и реберными костями) сварить в небольшом количестве бульона и положить в тарелку с бульоном при подаче на стол. Посыпать рубленой зеленью петрушки.

Уха из свежей рыбы

Сварить бульон из вычищенной и выпотрошенной рыбы, снимая по мере необходимости пену. Вынуть рыбу, а бульон тщательно процедить через частое сито и поставить на огонь. Когда закипит, положить в кастрюлю пшено, нарезанные соломкой картофель и морковь, луковицу, лавровый лист и перец. Варить до готовности овощей. В это время руками разобрать рыбу на небольшие кусочки, внимательно выбирая кости, т.к. уху обычно охотно едят и маленькие дети.
Когда суп сварится, положить в него кусочки рыбы и прокипятить несколько минут.
Соответствующее общему объему ухи количество рыбы, $1/3$ стакана пшена, 1 морковь, 3—4 картофелины, 1 головка репчатого лука, 10 горошин черного перца.

И.С. Шмелев. «Лето Господне»

Заговины — как праздник: душу перед постом порадовать. Так говорят которые не разумеют по-духовному. А мы с Горкиным разумеем. Не душу порадовать — душа радуется посту! — а мамону, по слабости, потешить.

— А какая она, ма-мона... грешная? Это чего — «мамона»?

— Это вот самая она, мамона, — смеется Горкин и тычет меня в живот. — Утро-ба грешная. А душа о посте радуется. Ну, Рождество придет, душа и воссияет во всей чистоте, тогда и мамоне поблажка: радуйся и ты, мамона!

Рабочему народу дают заговеться вдоволь — тяжела зимняя работа: щи жирные с солониной, рубец с кашей, лапша молочная. Горкин заговляется судачком — и рыбки постом вкушать не будет, — судачьей икоркой жареной, а на заедку драчену сладкую и лапшицу молочную: без молочной лапши, говорит, не заговины.

Заговины у нас парадные. Приглашают батюшку от Казанской с протодьяконом — благословить на Филиповки. Канона такого нет, а для души приятно, легкость душе дает — с духовными ликами вкушать. Стол богатый, с бутылками «ланинской», и «легкое», от Депре-Леве. Протодьякон «депры» не любит, голос с нее садится, с этих там «икемчиков-мадерцы», и ему ставят «отечественной, вдовы Попова». Закусывают, в преддверии широкого заговенья, сижком, икоркой, горячими пирожками с семгой и яйцами. Потом уж полные заговины — обед. Суп с гусиными потрохами и пирог с ливером. Батюшке кладут гусиную лапку, то же и протодьякону. Мне никогда не достается, только две лапки у гуся, а сегодня как раз мой черед на лапку: недавно досталось Коле, прошедшее воскресенье Маничке — до Рождества теперь ждать придется. Маша ставит мне суп, а в нем — гусиное горло в шершавой коже, противное самое, пупырки эти. Батюшка очень доволен, что ему положили лапку, мягко так говорит: «Верно говорится — «сладки гусины лапки». Протодьякон — цельную лапку в рот, вытащил кость, причмокнул, будто пополоскал во рту, и сказал: «По какой грязи шлепала, а сладко!» Подают заливную осетрину, потом жареного гуся с капустой и мочеными яблочками, «китайскими», и всякое соленье, моченую бруснику, вишни, смородину в веничках, перченые огурчики-малютки, от которых мороз в затылке. Потом — слоеный пирог яблочный, пломбир на сливках и шоколад с бисквитами. Протодьякон просит еще гуська. «А припломбиры эти, — говорит, — воздушная пустота одна». Батюшка говорит, воздыхая, что и попоститься-то, как для души потреба, никогда не доводится — крестины, именины, — самая-то именинная пора Филиповки, имена-то какие все: Александра Невского, великомученицы Екатерины, — «сколько Катерин в приходе у нас, подумайте!» — великомученицы Варвары, Святителя Николая Угодника!.. — да и поминок много... завтра вот старика Лощенова хоронят... — люди хлебосольные, солидные, поминовенный обед с кондитером, как водится, готовят... Протодьякон гремит-воздыхает: «Гре-хи... служение наше чревато соблазном чревоугодия...» От пломбира зубы у него что-то поныают, и ему, для успокоения, накладывают сладкого пирога. Навязывают после обеда щепной коробок детенкам его —

«девятый становится на ножки!» — он доволен, прикладывает лапищу к животу-горе и воздыхает: «И оставиша останки младенцам своим». Батюшка хвалит пломбирчик и просит рецептик — преосвященного угостить когда.

Уха с фаршем

Взять десятка два ершей, залить холодной водой и поставить вариться, затем прибавить луку, лаврового листа, гвоздики, несколько кусков лимона, снова варить.

Взять штуки три хороших яблок, нашинковать их и также положить в бульон.

Потом взять стерлядь или другую какую хорошую рыбу, нарезать ее звеньями, перемыть, вытереть салфеткой и опустить в бульон.

Взять небольшую часть какой-нибудь свежей рыбы, избить ее и потом, размочив хлеб в молоке, отжать и смешать вместе с рыбой, наделать шариков, которые за час перед обедом следует опускать в уху.

Лапша молочная

Состав: 1,5 л молока, 100 г вермишели, сливочное масло по вкусу.

Цельное молоко вскипятить, всыпать вермишель, но гораздо лучше домашнюю лапшу, сварить, посолить, положить сливочного масла, тотчас подавать.

Рецепт приготовления домашней лапши

Домашняя лапша несравненно вкуснее купленной вермишели.

Для ее приготовления необходимо взять 100 г муки и 1 яйцо.

Из яйца, но лучше 2 желтков, 2,5 ложки воды, $1/2$ чайной ложки соли, 1,25 стакана муки замесить крутое тесто, раскатать скалкой, очень тонко, наподобие листа бумаги, подсыпая слегка муки, дать обсохнуть, нарезать полосы в 2 пальца шириной, сложить их одна на другую и мелко-мелко нашинковать длинными полосками. Затем разбросать по доске, чтобы обсохли и легко отделялись друг от друга. Всыпать в кипящий бульон из молока.

Ф. М. Достоевский. «Идиот»

Генеральша, впрочем, и сама не теряла аппетита, и обыкновенно, в половине первого, принимала участие в обильном завтраке, похожем почти на обед, вместе с дочерьми. По чашке кофею выпивалось барышнями еще раньше, ровно в десять часов, в постелях, в минуту пробуждения. Так им полюбилось и установилось раз навсегда. В половине же первого накрывался стол в маленькой столовой близ мамашиных комнат, и к этому семейному и интимному завтраку являлся иногда и сам генерал, если позволяло время. Кроме чаю, кофею, сыру, меду, масла, особых оладий, излюбленных самою генеральшей, котлет и прочего, подавался даже крепкий горячий бульон.

Бульон красный, средней крепости

1,5 кг говядины положить жирной стороной на дно кастрюли, подлить 3—4 ложки воды, чтобы дно кастрюли не было сухо. Положить к этой говядине примерно 300 г нарезанных основных кореньев, луковицу, пучок зелени, накрыть плотно крышкой, поставить на маленький огонь, часто переворачивая говядину и мешая коренья лопаточкой, чтобы мясо и коренья не пригорели, а только кругом подрумянились. Подливать каждый раз по ложке воды. Когда мясо покроется блестящей пленкой, а кость приобретет лаковый оттенок, влить 9 стаканов воды, затем долить еще 6 стаканов и поставить кастрюлю на сильный огонь, накрыв крышкой. Дать три раза закипеть, снимая пену и отставляя кастрюлю на край плиты. Добавить 1,5 ч. л. соли и доварить на малом огне.

Через 1,5 часа снять с огня, дать настояться, снять жир, процедить, перелив в другую кастрюлю, досолить, вскипятить еще раз и перелить в суповую миску, положив туда предварительно мелко нарубленную зелень.

1,5 кг говядины, 1—2 луковицы, 2 моркови, 1 корень петрушки, 1 корень сельдерея, 1 порей, небольшая репа, укроп, пучок любой зелени.

И. С. Шмелев. «Пути Небесные»

Конечно, надо начать шампанским: это подвинчивает, и Дарье Ивановне необходимо, она прозябла. Разнеженная теплом и мыслями, Даринька выпила шампанского. Все было вкусно, как никогда: и свежая икра с теплым калачиком, и крепкий бульон с гренками, и стерлядка на вертеле, и особенно рябчики, сочно-румяные, пахнувшие смолистой горечью; и страстно и грустно вопрошавший «долюшку» запевала-тенор, бледный и испитой красавец, с печальными глазами, в боярском платье, в мягких сафьяновых сапожках:

> Али в поле, при долине,
> Диким розаном цветешь?
> Аль кукушкою кукуешь,
> Аль соловушкой поешь?

За окнами шла метель, чувствовалось ее движенье.

В. А. Гиляровский. «Москва и москвичи»

Таков же был трактир и «Арсентьича» в Черкасском переулке, славившийся русским столом, ветчиной, осетриной и белугой, которые подавались на закуску к водке с хреном и красным хлебным уксусом, и нигде вкуснее не было. Щи с головизной у «Арсентьича» были изумительные, и Гл. И. Успенский, приезжая в Москву, никогда не миновал ради этих щей «Арсентьича».

Суп из осетровой головы

Сварить бульон из кореньев и пряностей, процедить, положить в него очищенную посоленную, на несколько частей разрезанную голову осетра; сварить ее так, чтобы мясо отделилось от костей; процедить, положить ложку сливочного масла, отдельно разваренную перловую крупу или рис, вскипятить. Подавая, влить столового вина или шампанского, всыпать зелени.

Холодная головизна

Взять голову осетровую, сварить ее и, когда будет достаточно уварена, выложить на блюдо, выбрав все кости, разнять голову на куски. Потом взять кочан свежей капусты, нашинковать ее мелко, облить кипятком, затем откинуть на решето и дать воде хорошо стечь; когда капуста достаточно обсохнет, положить в кастрюлю, полить маслом и хорошенько обжарить и потом этой капустой обложить головизну и подавать к столу.
(Из старинных рецептов)

Н. В. Гоголь. «Мертвые души»

— Щи, моя душа, сегодня очень хороши! — сказал Собакевич, хлебнувши щей и отваливши себе с блюда огромный кусок няни, известного блюда, которое подается к щам и состоит из бараньего желудка, начиненного гречневой кашей, мозгом и ножками. — Эдакой няни, — продолжал он, обратившись к Чичикову, — вы не будете есть в городе, там вам черт знает что подадут!

Щи «суточные»

Для щей лучше всего взять (на 10 персон) фунтов[1]
5—6 грудинки от завитка, или от середки, но не от
челышка, которое уж слишком жирно, содержит много сухожилий и хрящей и очень мало мяса и костей.

Для варки «суточных» щей мясо лучше всего разделить на
2 части, варить которые следует в разное время.

Так как всякий кусок грудинки имеет почти всегда
некоторый запах, то перед варкой следует эту часть мяса
ошпарить кипятком («обланжировать») или просто подержать
некоторое время в горячей воде и воду эту слить.

Возьмите такое количество кислой капусты, чтобы без
рассола ее осталось 3 фунта. Для щей одинаково пригодна
как шинкованная, так и рубленая капуста.

Отжав от капусты рассол, порубите несколько капусту,
особенно нашинкованную, т.к. мелко рубленная не тянется
за ложкой при еде, что не всем может нравиться.

Изрубите также мелко 2 луковицы, поджарьте их в
$^1/_4$ фунта масла, положите затем в ту же кастрюлю капусту,
2—3 штучки лаврового листу, несколько зерен английского
перцу, размешайте все, закройте крышкой и дайте на краю
плиты некоторое время попариться.

Взяв затем одну половину приготовленной для щей
говядины, разрежьте ее на небольшие куски и положите их
в кастрюлю с капустой, где и залейте водой. Посолив
немного (много солить нельзя, во-первых, потому, что
капуста берется кислая, а во-вторых, еще и потому, что щи
придется варить еще раз), накройте крышкой и поставьте
кипеть часа на три, пока говядина не будет вполне мягкою.

Когда мясо будет готово, выньте его из кастрюли и оставьте,
а в оставшиеся щи положите вторую половину мяса и,
долив, продолжайте варить щи так же, как и первый раз.
Когда и эта часть мяса сварится, щи готовы к подаче.

Хорошо также щи подправить мукой. Для этого 3—4 ложки
муки, запассеровав немного на масле, разводят и, когда все
комки будут разбиты, выливают во щи, щи после этого
следует вскипятить несколько раз.

Понятно, что незадолго до подачи щей на стол надо
положить во щи первую половину мяса, сваренную раньше.

---

[1] 1 фунт = 453,6 г.

«Суточными» щи эти называются потому, что варить их, собственно, следует два дня: в первый день одну половину мяса, а во второй — другую.

Еще лучше выходят эти щи, если сварить первую половину мяса, выставить их на ночь на мороз или в погреб на лед. На другой день, разогрев, доварить в них вторую половину мяса.

Можно щи оставить промерзнуть, сваривши и обе половины мяса. На другой день, однако, их следует прокипятить перед подачей. После того как щи промерзнут, по меткому народному выражению, они «ядренеют», т.е. становятся «ядреными», острыми на вкус.

И.С. Шмелев. «Пути Небесные»

Анюта напугалась, как бы опять не случилось с Даринькой как вчера, и позвала тихонько: «Барыня, не надо... покушали бы чего». Она помнила, как Прасковеюшка сокрушалась, что Даринька ни крошки с утра не съела. Даринька увидала глаза Анюты, и ей показалось, что Анюта знает. Она обняла ее, страстно прижала к себе, как самую родную, и Анюта шепнула жалостливо: «Бог милостив». Это жалеющее «Бог милостив» согрело Дариньку, она скинула шубку, оттопала с башмачков снег и пошла за Анютой в кухню.

В кухне было тепло, уютно, густо пахло щами со свининой, и этот жирный запах напоминал Дариньке, как были они в «Молдавии», ели щи и Вагаев так бережно объяснялся с ней.

Дариньке захотелось есть. Она вынула из печи чугунчик, налила в миску горячих щей и, обжигаясь и топоча, стала хлебать с Анютой деревянной ложкой, как когда-то в монастыре. Анюта ела и все любовалась на красенькую, которую дал Вагаев, разглаживала ее и нюхала, и вдруг, хитро взглянув на Дариньку, шепнула: «Это ухажитель ваш, барыня?» Даринька смутилась: «Что ты, какие глупости...» — и ушла в комнаты.

Мясные на площади закрыты. И Коровкин закрыл колбасную. Только рыбная Горностаева открыта, но никого народу. Стоят короба снетка, свесила хвост отмякшая сизая белуга, икра в окоренке красная, с воткнутою лопаточкой, коробочки с копчушкой. Но никто ничего не покупает, до субботы. От закусочных пахнет грибными щами, поджаренной картошкой с луком; в каменных противнях кисель гороховый, можно ломтями резать. С санных полков спускают пузатые бочки с подсолнечным и черным маслом, хлюпают-бултыхают жестянки-маслососы — пошла работа! Стелется вязкий дух — теплым печеным хлебом. Хочется теплой корочки, но грех и думать.

Щи из кислой капусты с грибами

Взять 4 луковицы, $1/2$ фунта постного масла, 1 фунт кислой капусты, четверку сухих грибов, 1 л. муки.
Лук рубят и поджаривают в четверти фунта постного масла до мягкости, соблюдая, чтобы не зарумянился.
После этого сюда же прибавляют кислую капусту и продолжают жарить, постоянно мешая, до тех пор, когда капуста сделается мягкой. Потом все кладут в кастрюлю,

наливают водой, размоченные в этой же воде грибы варят на легком огне под крышкой.

Подправляют мукой, прибавляют масла и, хорошо вскипятив, подают к столу.

Такие же щи приготовляются и другим способом: ко всему вышесказанному прибавляют штук 10 картофелин или 2 небольших свеклы, а то вместе то и другое.

Тут дело вкуса.

Щи «Селянские»

Молодую крапиву или свежие побеги (150 г) облить кипящей водой, нарезать, добавить щавель (50 г), морковь (5 г), петрушку (5 г), репчатый лук (20 г), зеленый лук (15 г). Тушить крапиву, пассеровать овощи. В кипящую воду сложить все компоненты, варить еще 20—25 минут. За 10 минут до готовности добавить лавровый лист, перец, гвоздику, растертый картофель.

Подавать на стол, полив сметаной, положив по вкусу дольки круто сваренного яйца.

Кислые суточные грибные щи

Капуста квашеная — 200 г, грибы сушеные — 20 г, морковь — 20 г, томат-пюре — 20 г, мука — 10 г, масло — 20 г, лавровый лист, перец, зелень, соль по вкусу.

Сварите сухие грибы и коренья. Вынутые из бульона грибы мелко изрубите. Грибы и бульон понадобятся для приготовления щей.

Потушите на маленьком огне в течение полутора-двух часов отжатую шинкованную квашеную капусту со стаканом воды и двумя столовыми ложками томатной пасты. Капуста должна быть очень мягкой.

За 10—15 минут до окончания тушения капусты добавьте в нее обжаренные на масле коренья и лук, а минут за пять до готовности — поджаренную муку.

Уложите капусту в кастрюлю, добавьте нарубленные грибы, бульон и варите минут сорок до готовности. Солить щи из квашеной капусты нельзя — можно испортить блюдо. Щи тем вкуснее, чем дольше варятся. Раньше такие щи ставили на сутки в горячую печь, а на ночь выставляли на мороз.

В готовые щи добавьте две дольки чеснока, растертые с солью.

К щам можно подать кулебяку с жареной гречневой кашей. Можно добавить в щи картофель или крупу. Для этого три картофелины нарежьте кубиками, отдельно распарьте до полуготовности две столовые ложки перловой или пшенной крупы. Картофель и крупу надо класть в кипящий грибной бульон на двадцать минут раньше, чем тушеную капусту.

А.С. Пушкин.
«Арап Петра Великого»

«**И**то же? Я вам помешал. Вы обедали; прошу садиться опять, а мне, Гаврила Афанасьевич, дайка анисовой водки». Хозяин бросился к величавому дворецкому, выхватил из рук у него поднос, сам наполнил золотую чарочку и подал ее с поклоном государю. Петр, выпив, закусил кренделем и вторично пригласил гостей продолжать обед. Все заняли свои прежние места, кроме карлицы и барской барыни, которые не смели оставаться за столом, удостоенным царским присутствием. Петр сел подле хозяина и спросил себе щей. Государев денщик подал ему де-

ревянную ложку, оправленную слоновою костью, ножик и
вилку с зелеными костяными черенками, ибо Петр никогда не
употреблял другого прибора, кроме своего.

Щи валаамские

На 1 кг капусты: 2 небольшие луковицы, 1 лавровый лист,
8—10 горошин черного перца, 400—500 г грибов,
1 ст. л. муки, корень петрушки, свежей зелени по вкусу,
2 ст. л. сметаны.
Капусту, резаный репчатый лук, лавровый лист, петрушку,
перец горошком тушить при добавлении воды.
Отдельно сварить мелко нашинкованные свежие грибы.
Вынуть грибы из бульона, слегка поджарить.
Когда капуста упарилась, сделалась мягкой, но с хрустом,
подсыпать поджаренной до светло-коричневого цвета муки.
В грибной бульон добавить все компоненты, свежую
зелень, сметану.
Щи долго и медленно, на небольшом огне прогревать,
не доводя до кипения, чтобы пропитались грибным
и капустным духом.

А.С. Пушкин. «К Юдину»

Но вот уж полдень. В светлой зале
Весельем круглый стол накрыт,
Хлеб-соль на чистом покрывале,
Дымятся щи, вино в бокале
И щука в скатерти лежит.

Щи кислые

Готовятся точно так же, только вместо свежей взять
квашеную капусту. Если капуста будет слишком кислая —
промыть ее холодной водой и отжать.
Добавить перец и лавровый лист.

Щи

В кипящую подсоленную воду положить нарезанный кубиками картофель, нашинкованную капусту и варить почти до готовности.

В конце варки заправить щи обжаренным до золотистого цвета нарезанным луком, морковью и помидором.

В готовый суп положить мелко изрубленный чеснок и посыпать зеленью, свежей или сушеной.

5—6 картофелин, 2 моркови, 1 головка репчатого лука, 300—400 г капусты, 2—3 зубчика чеснока, 1 помидор, 2 ст. л. растительного масла, соль, перец, лавровый лист — по желанию.

Л. Н. Толстой. «Анна Каренина»

Старания Агафьи Михайловны и повара, чтоб обед был особенно хорош, имели своим последствием только то, что оба проголодавшиеся приятеля, подсев к закуске, наелись хлеба с маслом, полотка и соленых грибов, и еще то, что Левин велел подавать суп без пирожков, которыми повар хотел особенно удивить гостя. Но Степан Аркадьич, хотя и привыкший к другим обедам, все находил превосходным: и травник, и хлеб, и масло, и особенно полоток, и грибки, и крапивные щи, и курица под белым соусом, и белое крымское вино — все было превосходно и чудесно.

Суп из крапивы или щавеля

7 картофелин, 1 морковь, 1 головка репчатого лука, пучок щавеля, крапивы или и того и другого вместе.
В подсоленную кипящую воду положить нарезанные кубиками или соломкой картофель, морковь и луковицу. Когда овощи будут готовы, добавить нарезанные лапшой листья крапивы (предварительно ошпаренные кипятком) или щавеля и проварить несколько минут.
Этот суп варят только из молодой крапивы, ее верхних листочков. Собирают ее за городом.

И.С. Шмелев. «Богомолье»

Приезжает отец — что-то сегодня рано, — кричит весело на дворе: «Горкин-старина!» Горкин бежит проворно, и они долго прохаживаются по двору. Отец веселый, похлопывает Горкина по спине, свистит и щелкает. Что-нибудь радостное случилось? И Горкин повеселел, что-то все головой мотает, трясет бородкой, и лицо ясное, довольное. Отец кричит со двора на кухню:

— Все к ботвинье, да поживей! Там у меня в кулечке, разберите!..

И обед сегодня особенный. Только сели, отец закричал в окошко:

— Горка-старина, иди с нами ботвинью есть! Ну-ну, мало что ты обедал, а ботвинья с белорыбицей не каждый день... не церемонься!

Да, обед сегодня особенный: сидит и Горкин, пиджачок надел свежий и голову намаслил. И для него удивительно, почему это его позвали: так бывает только в большие праздники. Он спрашивает отца, конфузливо потягивая бородку:

— Это на знак чего же... парад-то мне?

— А вот понравился ты мне! — весело говорит отец.

— Я уж давно пондравился... — смеется Горкин, — а хозяин велит — отказываться грех.

— Ну, вот и съешь белорыбицу.

Отец необыкновенно весел. Может быть, потому, что сегодня, впервые за столько лет, распустился белый, душистый такой, цветочек на апельсинном деревце, его любимом?

Я так обрадовался, когда перед обедом отец кликнул меня из залы, схватил под мышки, поднес к цветочку и говорит: «Ну, нюхай, ню-ня!»

И стол веселый. Отец сам всегда делает ботвинью. Вокруг фаянсовой, белой, с голубыми закраинками, миски стоят тарелочки, и на них все веселое: зеленая горка мелко нарезанного луку, темно-зеленая горка душистого укропу, золотенькая горка толченой апельсинной цедры, белая горка струганого хрена, буро-зеленая — с ботвиньей, стопочка тоненьких кружочков, с зернышками, — свежие огурцы, мисочка льду хрустального, глыба белуги, в крупках, выпирающая горбом в разводах, лоскуты нежной белорыбицы, сочной и розовато-бледной, пленочки золотистого балычка с краснинкой. Все это пахнет по-своему, вязко, свежо и остро, наполняет всю комнату и сливается в то чудесное, которое именуется — ботвинья. Отец, засучив крепкие манжеты в крупных золотых запонках, весело все

размешивает в миске, бухает из графина квас, шипит пузырь-
ками пена. Жара: ботвинья теперь — как раз.

Все едят весело, похрустывают огурчиками, хрящами —
хру-хру. Обсасывая с усов ботвинью, отец все чего-то улыбается... чему-то улыбается?

Ботвинья праздничная

500—600 г свежей рыбы жирных сортов, 100—150 г ботвы
молодой свеклы, 100 г шпината, 100 г щавеля, 100 г
свежего корня хрена, 3 яйца, 4 свежих огурца, 100—180 г
зеленого лука, 1 стакан раковых шеек, пучок укропа,
1 лимон, соль, перец, сахар по вкусу, 0,5 л хлебного кваса,
0,5 л яблочного кваса.

Сварить крупные куски рыбы до готовности, но не
разваривая, вынуть из бульона и остудить. Щавель, ботву
свеклы и шпинат промыть и отварить до полного
размягчения, откинуть на сито, протереть через него
в миску, где будет готовиться ботвинья. Лук мелко
нарезать, хрен натереть на мелкой терке, огурцы очистить
от кожицы и измельчить, яйца сварить вкрутую,
измельчить и выложить в ту же миску. Треть измельченных
продуктов отложить, а в миску влить хлебный и яблочный
квас, добавить соль, перец, сахар по вкусу и хорошо, но
осторожно перемешать. Острым ножом нарезать рыбу
тонкими ломтиками и красиво уложить посередине
овального блюда — ломтик к ломтику (кроме вареной
рыбы, можно добавить нарезанный ломтиками балык).
В отдельной посуде подать пищевой лед и, кроме того,
положить его в блюдо с рыбой.

Ботвинья с огурцами

600 г щавеля, 6 свежих огурцов, зеленый лук, укроп,
$1/2$ чайной ложки горчицы или 1 ч. л. хрена, соль,
сахар по вкусу, 1,5 л кислого кваса.

Щавель перебрать, вымыть, припустить в собственном
соку и протереть сквозь сито.

Свежие огурцы очистить от кожицы и нарезать кусочками.

Горсть зеленого лука растереть с горчицей или хреном,
солью и сахаром.

Все компоненты сложить в супницу и залить квасом.

Отдельно в соленой воде с луком, пучком зелени, лавровым листом и перцем подать отварную рыбу жирных сортов, мелко нарубленный лед.

Ботвинья будет значительно вкуснее, если в нее добавить стакан шампанского.

Постная ботвинья

300 г щавеля, или шпината, или их смеси, 2 л кваса, немного копченой рыбы, 1—2 огурца, зеленый лук, укроп, цедра лимона.

Щавель и шпинат перебрать, припустить в небольшом количестве воды. Протерев через сито, пюре охладить, развести квасом, добавить немного сахара, лимонной цедры и охладить. Разлить ботвинью по тарелкам, добавив кусочки копченой или отварной рыбы, ломтики огурца, зеленый лук, укроп и при желании тертый хрен.

В. А. Гиляровский. «Москва и москвичи»

— Так, а чем покормишь?

— Конечно, тестовскую селянку, — заявил О. П. Григорович.

— Селяночку — с осетриной, со стерлядкой... живенькая, как золото желтая, нагулянная стерлядка, мочаловская.

Л. Н. Толстой. «Анна Каренина»

Левин подсел к ним; ему не хотелось уезжать. Всякое стеснение перед барином уже давно исчезло. Мужики приготавливались обедать. Одни мылись, молодые ребята купались в реке, другие прилаживали место для отдыха, развязывали мешочки с хлебом и оттыкали кувшинчики с квасом. Старик накрошил в чашку хлеба, размял его стеблем ложки, налил воды из брусницы, еще разрезал хлеба и, посыпав солью, стал на восток молиться.

— Ну-ка, барин, моей тюрьки, — сказал он, присаживаясь на колени перед чашкой.

Тюрька была так вкусна, что Левин раздумал ехать домой обедать. Он пообедал со стариком и разговорился с ним о его домашних делах, принимая в них живейшее участие.

Тюря

Самое распространенное и безыскусное старинное блюдо для поста — тюря — холодная еда из подсоленной воды с кусочками хлеба и подсоленным луком. Сегодня это кушанье может вызвать недоумение, но дело не в том, из чего оно состоит. Речь идет о том, как к нему относиться. Отказ от удовольствий, определенный психологический настрой создавали у глубоко верующего человека благодарственное приятие самой простой еды.

Кроме того, голод — лучшая приправа к пище, даже если это хлеб с водой, приправленный солью и луком.

Тюря постная из кислой капусты

Капуста квашеная — 30 г, хлеб — 10 г, репчатый лук — 20 г, квас — 150 г, масло растительное, перец, соль по вкусу.

Нарезанную квашеную капусту смешайте с натертой на терке луковицей. Добавьте черствый хлеб, также натертый на терке. Хорошо размешайте, полейте маслом, разведите квасом до нужной вам густоты. В готовое блюдо надо добавить перец, посолить.

Московская селянка на сковородке

400—600 г кислой капусты, 400—800 г мяса, 1 луковица, 100 г масла, $1/2$ л. муки, 2 соленых огурца, 10 оливок, 10 маринованных грибков, сосиски, соус из-под жаркого.
Эта селянка должна быть густая и подается если за обедом — то перед бульоном, но большею частью — к завтраку.

Луковицу мелко нашинковать, поджарить в масле, положить кислой перемытой и выжатой нашинкованной капусты, размешать, накрыть крышкой, тушить до готовности, мешая, чтобы не пригорела, осыпать мукой, размешать; потом переложить капусту на сковородку, кладя ряд капусты, ряд разного сорта жареного мяса, наверх — опять ряд капусты; украсить сверху мелко нарезанными солеными огурцами, корнишонами, оливками, маринованными грибками, сосисками, облить соусом из-под жаркого, поставить в печь, подавать на той же самой сковородке.
Вместо кислой капусты можно употребить свежую. В таком виде нашинковать ее, опустить в кипяток, когда закипит — вынуть, положить в кастрюлю с маслом, прибавить 2—3 мелко нашинкованных кислых яблока, посолить, тушить до готовности.

Праздничная селянка (в рыбные дни)

100 г свежей семги, 100 г свежего судака, 100 г свежей (или соленой) осетрины, маленькая банка оливок, 2 ч. л. томата-пюре, 3 белых маринованных гриба, 2 соленых огурца, луковица, 2 ст. л. растительного масла, столовая ложка муки, репчатый лук, соль. Варите до готовности.
Приготовьте литр очень крепкого бульона из любой рыбы.

Мелко нарубленный лук обжарьте в кастрюле на масле.
Осторожно посыпьте лук мукой; перемешайте, прожарьте,
пока мука не станет золотистого цвета. Тогда влейте
в кастрюлю рыбный бульон и огуречный рассол,
хорошенько перемешайте и доведите до кипения.
Нашинкуйте грибы, каперсы, из оливок удалите косточки,
добавьте все это в бульон, доведите до кипения.
Рыбу разрежьте на куски, ошпарьте кипятком, припустите
на сковороде с маслом, томатом-пюре и огурцами,
с которых снята кожура.
Добавьте рыбу и огурцы в кастрюлю и варите солянку
на слабом огне до готовности рыбы. За три минуты
до готовности добавьте лавровый лист, специи.
Правильно приготовленная солянка имеет светлый, слегка
красноватый бульон, острый вкус, запах рыбы и пряностей.
При подаче на стол в тарелки положите по куску каждого
вида рыбы, залейте бульоном, добавьте по кружку лимона,
зелень укропа или петрушки, маслины.
К солянке можно подать расстегаи с рыбой.
Готовый суп посыпьте зеленью.

И. Ильф и Е. Петров. «Золотой теленок»

— И совершенно напрасно, — сказал Корейко, с любопытством поглядывая на борщ, в котором плавали золотые медали жира. Было в этом борще что-то заслуженное, что-то унтер-офицерское. — «В борьбе обретешь ты право свое» — это эсеровский лозунг. Для печати не годится.

К. Г. Паустовский. «Разливы рек»

Днем Лермонтов обошел со Щербатовой весь городок. Из сада они пошли посмотреть на разлив и узнали, что паром починят только завтра. Они долго сидели на теплых от солнца сосновых бревнах, наваленных на береговом песке. Щербатова рассказывала о своем детстве, о Днепре, о том, как у них в усадьбе оживали весной высохшие старые ивы и выпускали из коры мягкие острые листочки.

Она увлеклась воспоминаниями. В голосе у нее проявилось мягкое южное придыхание. Лермонтов любовался ею.

Они пообедали у известной в городке бригадирской вдовы-поварихи. Она накрыла стол в саду. Цвела яблоня. Лепестки падали на толстые ломти серого хлеба и в тарелки с крутым борщом. К чаю бригадирша подала тягучее вишневое варенье и сказала Лермонтову:

— Я его берегла для праздника. А вот сейчас не стерпела, выставила для вашей жены. Где это вы отыскали такую красавицу?

Щербатова вспыхнула слабым румянцем. Лермонтов впервые за этот день увидел слезу на глазах Щербатовой. Она незаметно смахнула ее мизинцем.

Борщ с селедкой

На 3—4 красные свеклы: 1—2 головки репчатого лука, 2 селедки, 4—5 сушеных грибов, 1 морковь, 1 ст. л. томатной пасты, 1 ст. л. муки, 2 лавровых листа, 15 горошин черного перца, соль, сахар, свекольный рассол. Грибы замочить в холодной воде на 2—4 часа, отварить в той же воде, откинуть на дуршлаг, отвар процедить и использовать для приготовления борща. Свеклу натереть на крупной терке или нарезать брусочками, обжарить в растительном масле с добавлением 1 ст. л. томатной пасты, приправить солью, сахаром и опустить в грибной отвар. Грибы промыть, нарезать лапшой, обжарить в растительном масле, опустить в отвар. Морковь натереть на крупной терке и, слегка обжарив в растительном масле, присоединить к свекле с грибами. Репчатый лук нашинковать, обжарить до золотистого цвета в растительном масле и также опустить в отвар. Снять филе с 2 селедок, вымочить в воде или чае, обвалять в муке, обжарить в растительном масле, опустить в борщ, приправить пряностями, довести до кипения и снять с огня.
Дать настояться и подавать к столу.

Борщ из печеной свеклы

Взять 4 свеклы, 4 моркови, 4 шт. петрушки, сельдерея и луку, четверть фунта постного масла, 2 бутылки квасу, одну осьмую фунта сухих грибов.
Свеклу испечь и нашинковать, а также нашинковать и все прочее и все хорошо поджарить в масле, налить квасом, прибавить толченых сухих грибов и уварить до готовности, пополняя испарившийся квас горячею водою.
Отдельно подают котлеты из гречневой каши, размазни или все, что сказано для прочих борщей.
Так же приготовляется и борщ из селедки (простой тарани), которую очищают от кожи и нарезают кусочками.

Борщ со снетками

Сушеные грибы, свекла, морковь, петрушка, лук,
свежая капуста, томат, лавровый лист, перец,
постное масло, немного муки для заправки.
Готовят грибной бульон, в него закладывают
тушеные овощи и сушеные снетки
(можно другую рыбу).

А. П. Чехов. «Человек в футляре»

А ...она уже не молодая, лет тридцати, но тоже высокая, стройная, чернобровая, краснощекая — одним словом, не девица, а мармелад, и такая разбитная, шумная, всё поет малороссийские романсы и хохочет. Чуть что, так и зальется голосистым смехом: ха-ха-ха! Первое, основательное знакомство с Коваленками у нас, помню, произошло на именинах у директора. Среди суровых, напряженно скучных педагогов, которые и на именины-то ходят по обязанности, вдруг видим, новая Афродита возродилась из пены: ходит подбоченясь, хохочет, поет, пляшет... Она спела с чувством «Виют витры», потом еще романс, и еще, и всех нас очаровала — всех, даже Беликова. Он подсел к ней и сказал, сладко улыбаясь:

— Малороссийский язык своею нежностью и приятною звучностью напоминает древнегреческий.

Это польстило ей, и она стала рассказывать ему с чувством и убедительно, что в Гадячском уезде у нее есть хутор, а на хуторе живет мамочка, и там такие груши, такие дыни, такие кабаки! У хохлов тыквы называются кабаками, а кабаки шинками, и варят у них борщ с красненькими и с синенькими «такой вкусный, такой вкусный, что просто — ужас!»

Слушали мы, слушали, и вдруг всех нас осенила одна и та же мысль.

— А хорошо бы их поженить, — тихо сказала мне директорша.

Борщ

3—4 картофелины, 300 г белокочанной капусты, 1 крупная или 2 небольшие моркови, 1 головка репчатого лука, 1 средняя свекла, 1 ст. л. томата, 3 зубчика чеснока, 1 лавровый лист, 10 горошин черного перца, соль, 3 ст. л. растительного масла.

Подготовить овощи: картофель очистить и нарезать кубиками, капусту нашинковать длинной соломкой (если борщ будут есть дети, лучше капусту нарезать небольшими квадратиками), натереть на крупной терке морковь и свеклу, мелко покрошить лук.

В кипящую подсоленную воду положить картофель, через 5 минут — капусту, лавровый лист и перец.

В это время обжарить свеклу с морковью и луком в растительном масле и немного потушить под крышкой, добавить небольшое количество воды. Затем положить их в кастрюлю. В конце варки добавить томат, 1 десертную ложку сахарного песка и немного лимонной кислоты или 1 десертную ложку уксуса. В борщ можно в начале варки положить кусочек мелко нарезанной тыквы, что обогатит его витаминами. Дать настояться несколько часов.

Летом в борщ хорошо класть свежие помидоры, обжарив их вместе с морковью и свеклой. В готовый борщ положить мелко изрубленный чеснок.

И. Ильф и Е. Петров.
«Золотой теленок»

Желтое японское солнце светило в упор, затрачивая всю свою силу на освещение такой мелочишки, как граненая пробка от пузырька с одеколоном «Турандот». Клеенчатый диван был пуст. Варвара повела очами и увидела Васисуалия. Он стоял у открытой дверцы буфета, спиной к кровати, и громко чавкал. От нетерпения и жадности он наклонялся, притопывал ногой в зеленом носке и издавал носом свистящие и хлюпающие звуки. Опустошив высокую баночку консервов, он осторожно снял крышку с кастрюли и, погрузив пальцы в холодный борщ, извлек оттуда кусок мяса. Если бы Варвара поймала мужа за этим занятием даже в лучшие времена их брачной жизни, то и тогда Васисуалию пришлось бы худо. Теперь же участь его была решена.

— Лоханкин! — сказала она ужасным голосом.

От испуга голодающий выпустил мясо, которое шлепнулось обратно в кастрюлю, подняв фонтанчик из капусты и морковных звезд. С жалобным воем кинулся Васисуалий к дивану. Варвара молча и быстро одевалась.

Борщ украинский

Сварить мясной бульон и вынуть мясо. Свеклу (5—6 шт.) очистить, нарезать соломкой, сложить в посуду, добавить соль, лимонную кислоту, 1 ст. л. томата, залить 2 стаканами бульона и, помешивая, тушить на слабом огне

до готовности. Из остальной свеклы приготовить настой: свеклу натереть на крупной терке, залить стаканом горячего бульона, добавить лимонной кислоты и на сильном огне довести до кипения, после охлаждения процедить. Морковь, петрушку, лук нарезать соломкой, слегка обжарить в масле, соединить с тушеной свеклой за 10—15 минут до окончания тушения. В кипящий бульон опустить крупно нарезанные капусту, картофель и стручковый перец. Когда бульон закипит, прибавить тушеные свеклу, лук и коренья. Через 15 минут добавить лавровый лист, перец порошком, соль, сахар и варить на слабом огне 20—30 мин. За 5 минут до окончания варки заправить борщ чесноком, растертым со свиным салом, кусочками сала-шпик и томатом. Перед подачей добавить свекольный настой и куски вареного мяса, довести до кипения на сильном огне, снять с огня и дать настояться 20 минут.
На 4 порции: 500 г грудинки, 10 шт. свеклы, 1/2 кочана капусты, 1 шт. моркови, 1 корень петрушки, 1 головка лука, 4 шт. картофеля, 2—3 ст. л. томата-пюре, 3—4 дольки чеснока, 40 г сала свиного, 20 г шпика, стручок сладкого перца, лимонная кислота — на кончике ножа, лавровый лист, перец горошком, соль, сахар по вкусу.

П. Мельников-Печерский. «В лесах»

Хоть заработки у лесников не Бог знает какие, далеко не те, что у недальних их соседей, в Черной рамени да на Узоле, которые деревянную посуду и другую горянщину работают, однако ж и они не прочь сладко поесть после трудов праведных. На Ветлуге и отчасти на Керженце в редком доме брага и сыченое сусло переводятся, даром что хлеб чуть не с Рождества покупной едят.

И убоина у тамошнего мужика не за диво, и солонины на зиму запас бывает, немалое подспорье по лесным деревушкам от лосей приходится... У иного крестьянина не один пересек соленой лосины в погребе стоит... И до пшенничков, и до лапшенничков, и до дынничков охоч лесник, но в зимнице этого лакомства стряпать некогда, да и негде. Разве бабы когда из деревни на поклон мужьям с «подсыпкой» пришлют. Охоч лесник и до «продажной дури» — так зовет он зелено вино, — но во время лесованья продажная дурь не дозволяется. Заведись у кого хоть косушка вина, сейчас его артель разложит, вспорет и затем вон без расчета. Только трижды в зиму и пьют. На Николу, на Рождество да на Масленицу, и то по самой малости. Брагу да сусло пьют и в зимницах, но понемногу и то на праздниках да после них...

Но теперь Великий пост, к тому ж и лесованье к концу: меньше двух недель остается до Плющихи, оттого и запасов в зимнице немного. Петряйкина стряпня на этот раз была не очень завидна. Развел он в очаге огонь, в один котел засыпал гороху, а в другой стал приготовлять похлебку: покрошил гулены, сухих грибков, луку, засыпал гречневой крупой да гороховой мукой, сдобрил маслом и поставил на огонь. Обед разом поспел. Приставили к нарам стол, к столу переметную скамью и уселись. Петряйка нарезал черствого хлеба, разложил ломти да ложки и поставил перед усевшейся артелью чашки с похлебкой. Молча работала артель зубами, чашки скоро опростались. Петряйка выложил остальную похлебку, а когда лесники и это очистили, поставил им чашки с горохом, накрошил туда репчатого луку и полил вдоволь льняным маслом. Это кушанье показалось особенно лакомо лесникам, ели да похваливали.

Суп из сушеного гороха

На 2,5 л воды: 400 г гороха, 1 морковь, 1 головка репчатого лука, 2 ст. л. растительного масла, соль, зелень петрушки, гренки из ржаного хлеба. Горох замочить на 2—3 часа в воде и варить в той же воде. Когда горох станет совершенно мягким, опустить морковь, нарезанную

тонкими кружками. Когда горох и морковь дойдут
до полной готовности, заправить суп обжаренным
до золотистого цвета, мелко нашинкованным репчатым
луком, приправить по вкусу солью.
Подавать с гренками из ржаного хлеба.
К гороховому супу можно подать постный пирог
«Луковник».

Суп гороховый (постный)

На 2,5 л воды: 500 г гороха, 1 головка репчатого лука,
1 морковь, 100 г растительного масла, соль, перец.
Варить горох с добавлением моркови 2,5—3 часа, посолить,
поперчить, протереть через сито.
Заправить мелко нарезанным и обжаренным
в растительном масле репчатым луком.
Подавать с гренками.

Гороховый суп

1кг 200 г говядины, 200—400 г ветчины, пучок
зелени, 400 г гороха, $1/2$ французской булки, укроп,
1 ст. л. сливочного масла, лук, $1/2$ стакана сметаны.
Подаются к гороховому супу греночки.
Вскипятить на большом огне 800 г говядины, снять пену,
положить пучок зелени и 200—400 г жирной копченой
сырой ветчины. 400 г гороха намочить за несколько часов
в холодной воде, откинуть на решето. Когда вода стечет,
переложить в кастрюлю, залить холодной водой, чтобы
покрыло горох. Положить $1/2$ ложки столового масла
куском, немного тертой черствой булки, накрыть
крышкою, вскипятить на большом огне, переставить
на меньший, разварить как можно лучше, без соли,
помешивая лопаточкой. Горячим протереть сквозь сито.
Подогреть пюре, развести, мешая, горячим же
процеженным бульоном, прокипятить хорошенько,
процедить, опустить в него нарезанную ровными
кусочками ветчину, можно положить $1/2$ л. сливочного
масла, посолить, подогреть до самого горячего состояния,
подавать. Некоторые сыплют в миску зеленый укроп,
а при варке супа заправляют его поджаренным репчатым
или зеленым луком. Некоторые кладут в него сметану,
дав с нею вскипеть.

Суп-пюре из тыквы

Тыкву и картофель очистить от кожуры, промыть, нарезать тонкими ломтиками, положить в кастрюлю, залить 3—4 стаканами воды, добавить соль, сахар, столовую ложку масла и поставить варить на слабом огне на 25 минут. Добавить подсушенные или поджаренные в масле гренки, размешать и вскипятить. Полученную массу процедить, оставшуюся гущу протереть сквозь сито, все это развести горячим молоком (до густоты сливок) и заправить сливочным маслом.

Этот суп можно приготовить иначе. Нарезанную тыкву поставить варить, залив ее 2 стаканами воды. Отдельно на сковороде поджарить 2 ст. ложки муки с 2 ст. ложками масла, развести 4 стаканами горячего молока и 2 стаканами воды, вскипятить, смешать с тыквой и варить 15 минут. После этого суп протереть сквозь сито, добавить соль, стакан горячего молока, масло и перемешать.

На 800 г тыквы: гренок — 150 г или муки — 2 ст. л., картофеля — 300 г, молока — 4—5 стаканов, масла — 3 ст. ложки, сахару — 2 ч. л.

И.С. Шмелев. «Пути Небесные»

Так началось их знакомство с Аграфеной Матвеевной. Речь ее, певучая, растяжечкой, напомнила им матушку Агнию. Только лицо ее было суровое, закрытое — озабоченно-деловое: лицо русской старухи, привыкшей править делом. Виктор Алексеевич отмечал ее независимый характер и прямоту. Она тут же и сказала, прямо:

— Навряд ли вы, барыня, умеете в хозяйстве, молоденькая совсем. Пообглядитесь. Придусь по ндраву — при вас останусь... нет — отойду, есть у меня куда. И к вам поприсмотрюсь, какой тоже у вас карактер. А так, глядеться, ндравитесь вы мне.

Когда-то она была дворовой Варвары Петровны Тургеневой, матери писателя. И вот, из-под деспотички, какой была ее барыня, остаться такой, без единой черточки рабы! Что ее сохранило так? Виктор Алексеевич понял потом, что сохранило, как многих в народе нашем. Даринька деловито, как бы в тон Матвевне, сказала:

— И вы мне нравитесь. Я никогда не жила в имении. Буду рада, если останетесь.

— Ну и хорошо, — сказала Матвевна, — спешить некуда. А хозяйству обучитесь, дело нехитрое. Хозяйство, понятно, не любит сложа руки. Расходу требует, тогда и с лихвой воротится. Потому мальчики и продали, денег нет. И воли захотелось, крылышки подросли. А я как отговаривала... родимый кров бросать. Что у них теперь... ни сбывища, ни скрывища, ни крова, ни пристанища...

Спросила, что сготовить на ужин. Можно и постного подать, Петровки. Похлебка со свежими грибами, лещик с кашей, пирог клубничный... на именины как раз сгадали, Аграфены-Купальницы нонче. Они тут же ее поздравили и на минутку прошли в людскую.

Суп из свежих грибов

1,5 тарелки свежих (очищенных) грибов слегка поджарить в масле с зеленым луком, налить 9 стаканов воды, дать закипеть, снять накипь, положить соли, 1 петрушку, 1 корень сельдерея, 1 морковь, 2—3 лавровых листа, 5—7 зерен перца, 1—2 луковицы, поджаренные в 1—2 ложках постного масла; когда грибы почти готовы, положить ложку муки, разведенную водой, прокипятить, всыпать зелени, подавать.

Суп грибной с рисом

Сварить бульон с 2 луковицами, 1 морковью,
5—10 зернышками английского перца,
2—3 шт. лаврового листа и $^1/_8$ фунта грибов, процедить;
1 морковку и полпетрушки нашинковать, как лапшу,
поджарить в 1 ст. л масла, опустить в бульон,
всыпать полстакана риса, сварить его до готовности,
всыпать мелко нашинкованные грибы, вскипятить,
всыпать мелко нарезанную зелень, подавать.

И.С. Шмелев. «Лето Господне»

Обед был не хуже парадного ужина — называли тогда: «Вечерний стол».

Уж на что владыка великий постник — в посты лишь соленые огурцы, грузди да горошек только сухой вкушает, — а и он «зачревоугодничал» — так и пошутил сам. На постное отделение стола — *покоем*, «П», во всю залу раздвинули столы официанты — подавали восемь отменных перемен: бульон на живом ерше, со стерляжьими расстегаями, стерлядь паровую — «владычную», крокеточки рыбные с икрой зернистой, уху налимью, три кулебяки «на четыре уг-

ла» — и со свежими белыми грибами, и с вязигой в икре судачьей, — и из лососи «тельное», и волован-огратэн, с рисо-
вым соусом и с икорным впеком, и заливное из осетрины, и
воздушные котлетки из белужины высшего отбора, с подливкой из грибков с каперсами — оливками, под лимончиком; и
паровые сиги с гарниром из рачьих шеек; и ореховый торт, и
миндальный крем, облитый духовитым ромом, и ананасный
ма-се-дуван какой-то, в вишнях и золотистых персиках. Владыка дважды крема принять изволил, а в ананасный маседу-
ван благословил и мадерцы влить.

И скоромникам тоже богато подавали. Кулебяки, крокеточки, пирожки; два горячих — суп с потрохом гусиным и
рассольник; рябчики заливные, отборная ветчина Арсентьича,
с Сундучного ряда, слава на всю Москву, в зеленом ростов-
ском горошке-молочке; жареный гусь под яблочками, с шинкованной капустой красной, с румяным пустотелым карто-
фельцем — «пушкинским», курячьи пожарские котлеты на
косточках в ажуре; ананасная, «гурьевская», каша, в сливоч-
ных пеночках и орехово-фруктовой сдобе, пломбир в шампанском. Просили скоромники и рыбного повкусней, а протодьякон, приметили, воскрылием укрывшись, и пожарских
котлеток съел, и два куска кулебяки ливерной.

Суп из гусиных потрохов

Взять от одного или нескольких гусей потроха: крылышки,
ножки, шейку, печенку и проч., очистить хорошенько,
всего лучше вымыть в теплой воде с пшеничными
отрубями, прокипятить, снять пену, процедить бульон,
дать отстояться; потроха, перемыв в горячей воде,
положить обратно в бульон, прибавить 1 ложку масла,
посолить, положить коренья, 1 или 2 луковицы,
5—9 зерен перцу, 2—3 лаврового листа, полстакана
перловой крупы или же соленых огурцов и немного
огуречного рассола, варить на легком огне.
Подавая на стол, прибавить немного зелени петрушки
и укропу. Крупу с кореньями лучше варить отдельно.
(Из старинных рецептов)

Вторые блюда

Мясо

А.С. Пушкин. «Евгений Онегин»

У ж темно: в санки он садится.
«Поди, поди», — раздался крик;
Морозной пылью серебрится
Его бобровый воротник.
К Talon помчался: он уверен,
Что там уж ждет его Каверин.
Вошел: и пробка в потолок,

Вина кометы брызнул ток,
Пред ним Roast-beef окровавленный,
И трюфли, роскошь юных лет,
Французской кухни лучший цвет,
И Стразбурга пирог нетленный
Меж сыром лимбургским живым
И ананасом золотым.

Ростбиф

Название этого блюда происходит от английского
«roast beef» — «жареное мясо». Ростбиф с полным правом
может носить свое название, если он изнутри розовый,
т.е. частично недожаренный, или, как принято говорить,
«с кровью».
Для ростбифа необходимо: 1 кг говядины (филе или
спинная часть), жир для жарения, соль, перец,
30 г сливочного масла.
Мясо зачистить от верхних пленок, обрезать неровности,
посолить и быстро обжарить на раскаленной сковороде
со всех сторон до образования румяной корочки,
затем добавить немного воды и довести до готовности
в духовке, часто поливая выделяющимся соком.
По степени прожаренности ростбиф может быть с кровью,
полупрожаренный и полностью прожаренный.
Подавать к праздничному столу с жареным картофелем,
хреном и процеженным мясным соусом.
Примечание: ростбифом называется вся филейная часть,
т.е. кусок говядины между тонким и толстым филеем.
На 6 человек взять не менее 4—5 кг.
Жарить не менее 1,5 часа. Замороженное мясо
не оттаивать, а сразу ставить в духовку.
Срезать лишний жир, вымыть, вытереть досуха,
натереть солью и положить на противень жирной
стороной вниз. Облить подрумяненным маслом,
подлить 1 стакан холодной воды и поставить
в заранее разогретую духовку.
Когда мясо зарумянится с одной стороны,
перевернуть на другую.

Потом убавить температуру и дожарить до полной
готовности, поливая каждые 10 минут стекающим
на противень соком, подливая по ложке воды
или бульона и прокалывая мясо вилкой.
Когда мясо будет готово, выложить на блюдо, нарезать
продолговатыми ломтями и полить соусом.
В качестве гарнира подавать жаренный во фритюре
картофель.

Прекрасный Страсбургский паштет (пирог)

Взять: 1 кг 200 г телячьей печенки, 400 г соленого шпика.
Еще около 400 г шпика, чтобы обложить кастрюльку,
3 рябчика, за неимением их 1 куропатку или пр. дичи,
3—4 трюфеля или за неимением их маринованных
белых грибов.
На 1 кг 200 г телячьей печенки взять 400 г соленого шпика,
печенку разрезать на куски, мочить целый день,
сперва в теплой воде, а потом в холодной, осушить
в салфетке, затем шпик и печенку разрезать на мелкие
куски, распустить на сковороде 2 ложки масла, всыпать
печенку и шпик, слегка поджарить, но не до колера;
тогда снять с огня, остудить, положить на доску,
изрубить очень мелко, потом истолочь в ступе как можно
мельче, протереть сквозь мелкое сито.
Взять небольшую кастрюльку, обложить кругом края
и дно тонко нарезанными пластинками шпика,
наполнить ее на два пальца ниже края истолченною
массою, перекладывая ее трюфелями и филеями сырых
рябчиков; накрыть сверху плотно пластинками шпика,
поставить кастрюльку на сковороду и печь не менее
1,5 часа; вынув, наложить деревянное донышко,
которое пригнать так, чтобы оно свободно входило
в кастрюльку, слить выступившую жидкость и постепенно
накладывать на это донышко все большую и большую
тяжесть, доведя ее до 8 кг.
На другой день переложить осторожно весь пирог
из кастрюльки в жестянку, сохранять на холоде.

И. Ильф и Е. Петров. «Двенадцать стульев»

— **Л**иза, пойдем обедать!
— Мне не хочется. Я вчера уже обедала.
— Я тебя не понимаю.
— Не пойду я есть фальшивого зайца.

— Ну и глупо!
— Я не могу питаться вегетарианскими сосисками.
— Сегодня будешь есть шарлотку.
— Мне что-то не хочется.
— Говори тише. Все слышно.

И молодые супруги перешли на драматический шепот.

Через две минуты Коля понял в первый раз за три месяца супружеской жизни, что любимая женщина любит морковные, картофельные и гороховые сосиски гораздо меньше, чем он.

— Значит, ты предпочитаешь собачину диетическому питанию? — закричал Коля, в горячности не учтя подслушивающих соседей.

— Да говори тише! — громко закричала Лиза. — И потом, ты ко мне плохо относишься. Да! Я люблю мясо! Иногда. Что же тут дурного?

Котлеты из вареной говядины

Взять вареную говядину из супа или бульона, порезать ее на кусочки, мелко изрубить с 2—3 луковицами, прибавить ложку растопленного масла, перцу, соли, 2—3 яйца, мускатного ореха, можно также прибавить четверть или полстакана сметаны, размешать все это, наделать котлет, помазать с обеих сторон яйцом, обсыпать сухарями, растопить на сковородке немного масла и поджарить в нем котлеты с обеих сторон.
К таким котлетам подают: грибной соус, жареный картофель, картофельное пюре, тушеную брюкву, горошек и проч.
(Из старинных рецептов)

Котлеты отбивные из говядины (антрекот)

Взять три фунта говядины, 2 яйца, 2 ложки сухарей, четверть фунта масла или фритюра.
Говядину разрезать так, чтобы в каждом куске находилась косточка; выбивают с обеих сторон скалкой или деревянным молотком, солят, перчат, обмакивают в сырые яйца, обсыпают сухарями и жарят на раскаленной сковороде с обеих сторон в масле, как бифштекс; подавая, обливают оставшимся от жарения их маслом.
(Из старинных рецептов)

Котлеты свиные натуральные

На 500 г свинины — 2 ст. л. жира, соль, черный молотый перец. Из свинины нарезать котлеты с косточками. Косточки зачистить, концы заострить.
Котлеты хорошо отбить тяпкой, посолить, поперчить, обжарить с обеих сторон на разогретой сковороде с жиром до образования румяной корочки.
Подавать к праздничному столу с зеленым салатом, моченой брусникой, цветной капустой, консервированной сливой, огурцами, помидорами, дольками лимона, зеленью петрушки.

И. Ильф и Е. Петров. «Золотой теленок»

— Д а! — воскликнул Остап. — Банкет в вагоне-ресторане! Я и забыл! Какая радость! Идемте, Корейко, я вас угощаю, я всех угощаю! Согласно законам гостеприимства! Коньяк с лимончиком, клецки из дичи, фрикандо с шампиньонами, старое венгерское, новое венгерское, шампанское вино!..

— Фрикандо, фрикандо, — сказал Корейко злобно, — а потом посадят. Я не хочу себя афишировать!

— Я обещаю вам райский ужин на белой скатерти, — настаивал Остап. — Идемте, идемте! И вообще, бросьте отшельничество, спешите выпить вашу долю спиртных напитков, съесть ваши двадцать тысяч котлет. Не то налетят посторонние лица и сожрут вашу порцию. Я устрою вас в литерный поезд, там я свой человек, — и уже завтра мы будем в сравнительно культурном центре. А там с нашими миллионами... Александр Иванович!..

Котлеты рубленые

На котлеты берется говядина от передней лопатки,
от толстого филея, от бедра.
Мясо вместе с жиром рубят сечкой, вынимая все жилки,
или пропускают через мясорубку.
Перед мясорубкой его нарезают маленькими кусочками.
Затем добавляют нарезанный жир и также пропускают
его через мясорубку.
Фарш вместе с жиром пропустить еще раз.
На $^1/_2$ кг мяса — $^1/_2$ ч. л. соли.
Затем взять французскую булку, срезать с нее корку,
разломить мякиш на 4 части, размочить в воде,
бульоне или молоке (по вкусу), положить к фаршу
и хорошенько перемешать.
Чем дольше мешать, тем вкуснее получится фарш.
Сделать на доске продолговатые котлеты,
в палец толщиной, обвалять их в толченых сухарях.
Взять большой противень, растопить масло,
жарить котлеты на большом огне в течение 3 минут,
затем огонь уменьшить и, переворачивая на обе стороны,
жарить в течение 15 минут.

В. А. Гиляровский. «Москва и москвичи»

К аплуны и пулярки шли из Ростова Ярославского,
а телятина «банкетная» от Троицы, где телят от-
паивали цельным молоком.

Телятина тушеная

Хороший кусок телятины обсыпать хорошенько
мукой и солью. На сковородку положить кусок масла,
разогреть докрасна и положить на него телятину;
обрумянив со всех сторон, положить в кастрюлю,
налить бульоном, прибавить немного лаврового листа,
мускатного ореха, накрыть крышкой и тушить
на вольном огне.

Когда уже почти будет готово, влить ложку уксуса,
взять 2 желтка, разбить с ложкою холодного бульона,
соус, в котором тушилась телятина, подогреть, но не кипятить и сейчас подавать, облив этим соусом.
К этой телятине лучше всего подавать тушеные овощи.
(Из старинных рецептов)

Грудинка телячья с рисом

Очистив грудинку от пленок, посолить и сварить
с разными кореньями и перцем. $1/2$ фунту рису обварить
кипятком, налить бульоном, в котором варилась грудинка,
положить ложку масла и тушить до готовности; наконец
всыпать толченого мускатного ореха, размешать, уложить
на блюдо грудинку, перекладывая рисом, и облить маслом,
поджаренным с сухарями, и поставить ненадолго в печь.
(Из старинных рецептов)

Н. В. Гоголь. «Мертвые души»

— Возьмите барана, — продолжал он, обращаясь
к Чичикову, — это бараний бок с кашей! Это
не те фрикасе, что делаются на барских кухнях
из баранины, какая суток по четыре на рынке
валяется! Это все выдумали доктора немцы да французы, я
бы их перевешал за это! Выдумали диету, лечить голодом!
Что у них немецкая жидкостная натура, так они вообража-

ют, что и с русским желудком сладят! Нет, это все не то, это все выдумки, это все... — Здесь Собакевич даже сердито покачал головою. — Толкуют: просвещенье, просвещенье, а это просвещенье — фук! Сказал бы и другое слово, да вот только что за столом неприлично. У меня не так. У меня когда свинина — всю свинью давай на стол, баранина — всего барана тащи, гусь — всего гуся! Лучше я съем двух блюд, да съем в меру, как душа требует. — Собакевич подтвердил это делом: он опрокинул половину бараньего бока к себе на тарелку, съел все, обгрыз, обсосал до последней косточки.

«Да, — подумал Чичиков, — у этого губа не дура».

Бараний бок с кашей

1,2 кг баранины с ребрами, 400 г гречневой крупы,
5 луковиц, 200 г масла, соль.
Приготовляют крутую гречневую кашу, смешивают ее
с сырым рубленым луком и кладут на противень между
реберной и грудной частями баранины; баранину
посыпают солью, мажут маслом, прибавляют немного воды
или бульона и жарят, пока не поспеет и не зарумянится,
а кашу часто мешают, обливая соком баранины,
чтобы лук прожарился.
Кто любит, можно шпиговать чесноком.

Бараньи котлеты

Бараньи котлеты должны быть натуральные;
они превосходны, если баранина хороша и жирна.
Разрезать котлетную часть (край) по ребрам,
отняв лишние кости, т.е. позвонки, и срезать жилы.
Поколотите котлеты скалкой, обрызните солью
и крупно толченным перцем и жарьте на сильном огне,
распустив на сковороде коровье масло.
Не должно пережаривать котлеты; необходимо,
чтобы они были сочны.
Не следует также обсыпать сухарями бараньи котлеты.

И. А. Бунин. «Антоновские яблоки»

Когда, бывало, едешь солнечным утром по деревне, все думаешь о том, как хорошо косить, молотить, спать на гумне в ометах, а в праздник встать вместе с солнцем, под густой и музыкальный благовест из села, умыться около бочки и надеть чистую замашную рубаху, такие же портки и несокрушимые сапоги с подковками. Если же, думалось, к этому прибавить здоровую и красивую жену в праздничном уборе да поездку к обедне, а потом обед у бородатого тестя — обед с горячей бараниной на деревянных тарелках и с ситниками, с сотовым медом и брагой, — так больше и желать невозможно!

Баранина с огурцами

1 кг баранины, 3 ст. л. муки, 100 г маргарина, 1 л воды, 1 ст. л. уксуса, 4 огурца, соль по вкусу.
Баранину нарезать ломтями и обжарить
на раскаленной сковороде в течение 5—7 минут.
Переложить мясо в кастрюлю, залить кипятком
и сварить до мягкости.
Между тем огурцы очистить от кожицы, удалить семена
и нарезать тонкими дольками.
Сложить их в сковороду, где обжаривалось мясо,
предварительно обжарив на ней ложку муки.

Добавить уксус, 1 стакан бульона и тушить под крышкой
до полного размягчения огурцов.
Куски баранины перед подачей полить горячим соусом.
На гарнир подать жареный (брусочками) картофель.

Рагу из баранины

Изрезать баранью грудинку или лопатку в куски, вымыть,
посолить и, накрыв крышкой, поставить на огонь.
Нарезать очищенные моркови и репы, ошпарить; когда
баранина немного зарумянится, вымешать лопаткою и дать
еще немного зарумяниться; потом влить кухонную ложку
воды и, когда на дне кастрюли уварится сок, всыпать муки,
размешать, развести бульон так, чтобы баранина была
покрыта, положить морковь и репу и, накрыв крышкой,
варить на легком огне до тех пор, пока коренья и баранина
не будут совершенно мягки.
Тогда уложить баранину на блюдо, а сверх нее коренья,
сок же уварить до надлежащей густоты, процедить
и облить баранину.
(Из старинных рецептов)

Жаркое из баранины

Бараний окорок, т.е. заднюю четверть, вымыть, натереть
солью ($^1/_2$ ч. л. без верха на каждый фунт баранины),
положить на противень, жирной стороной вверх, подлив
на противень 2—3 ложки воды, и поставить в горячую
духовку, чтобы кругом обжарился.
Если баранина нежирная, положить сверху ложку масла.
Когда обжарится, уменьшить жар и начать поливать
баранину каждые 10 минут стекающим из нее соком,
подливая в него каждый раз по ложке воды и прокалывая
мясо вилкой в нескольких местах. После последней
поливки посыпать мелко истолченными, но не
просеянными сухарями и еще подержать 10 минут
в духовке. Переложить на блюдо, нарезать острым ножом.
Подливку слить, процедить, влить $^1/_2$ стакана воды,
вскипятить, дать отстояться, снять лишний жир,
подогреть до самого горячего состояния. Подавая жаркое,
подлить немного соуса на блюдо, а остальное подать
в соуснике. В качестве гарнира подается картофельное
пюре, белая фасоль или бобы, жареный картофель,

который жарят вместе с бараниной, а также салаты:
свежие огурцы, соленые, салат из кислой капусты,
маринованная свекла, маринованная вишня,
маринованные грибки.

То же жаркое можно, подрумянив его в духовке в течение
30—40 минут, переложить с соусом в чугунную или
эмалированную кастрюлю, добавить лук-порей и тушить
под крышкой до готовности, подливая по 2 ложки воды.
Тушить 45 минут, залить $1/2$ стакана сметаны, потушить
еще 5 минут и снять с огня.

А.С. Пушкин. «Евгений Онегин»

Конечно, не один Евгений
Смятенье Тани видеть мог;
Но целью взоров и суждений
В то время жирный был пирог
(К несчастию, пересоленный);
Да вот в бутылке засмоленной,
Между жарким и бланш-манже,
Цимлянское несут уже;
За ним строй рюмок узких, длинных,
Подобно талии твоей,
Зизи, кристал души моей,
Предмет стихов моих невинных,
Любви приманчивый фиял,
Ты, от кого я пьян бывал!

Русское жаркое

Очистить картофель, вымыть, нарезать кубиками,
обжарить в масле.
Нарезать лук кольцами, обжарить в масле
до золотистого цвета.
Нарезать мясо кусочками, обжарить в масле
с обеих сторон до образования румяной корочки.
В керамический горшок положить мясо, картофель,
лук, коренья, приправить солью, перцем,
лавровым листом, влить немного бульона.
Тушить в духовке 30 минут.
За 10 минут до окончания приготовления залить
жаркое сметаной, посыпать мелко нарезанной
зеленью укропа, петрушки.
Подавать жаркое с салатом из свежих овощей,
солеными огурцами, квашеной капустой, зеленью.

Превосходное жаркое

Взять 1,5—2 кг говядины от края, вымыть в холодной воде.
Положить на противень горячего жира, затем говядину,
посолить, обсыпать ломтиками мелко нарезанной моркови,
репчатым луком, сельдереем, петрушкой, положить
2 лавровых листа, несколько горошин черного перца,
подлить немного хлебного кваса и поставить в духовку.
Говядину часто переворачивать, прокалывать
и подливать кваса.
Когда говядина будет готова, слить соус в кастрюльку,
остудить, снять жир, протереть сквозь сито,
подлить бульон, сложить говядину на блюдо,
нарезав ломтиками, подлить соус.

Другой рецепт жаркого

Взять 2,5—3 кг говядины от толстого края, отбить,
натереть мелко натолченным перцем, положить
в чугунную кастрюлю и дать постоять до следующего дня.
За два часа до обеда натереть солью, выложить говядину
на противень, обложить кусочками русского масла,
поставить в духовку. Когда мясо подрумянится
со всех сторон, подлить немного воды и начать
поливать жаркое каждые 10 минут, пока не изжарится.
После последней поливки посыпать сухарями.

П. Мельников-Печерский. «В лесах»

— Беспременно за Никитишной надо подводу гнать, — говорил он. — Надо, чтобы кума такой стол состряпала, какие только у самых на́больших генералов бывают.

— Справится ли она, Максимыч? — молвила Аксинья Захаровна. — Мастерица-то мастерица, да прихварывает, силы у ней против прежнего вполовину нет. Как в последний раз гостила у нас, повозится-повозится у печи, да и приляжет на лавочке. Скажешь: «Полно, кумушка, не утруждайся» — не слушается. Насчет стряпни с ней сладить никак невозможно: только приехала, и за стряпню, и хоть самой неможется, стряпка к печи не смей подходить.

— Помаленьку как-нибудь справится, — отвечал Патап Максимыч. — Никитишне из праздников праздник, как стол урядить ее позовут. Вот что я сделаю: поеду за покупками в город, заверну к Ключову, позову куму и насчет того потолкую с ней, что искупить, а воротясь домой, подводу за ней пошлю. Да вот еще что, Аксиньюшка: не запамятуй послезавтра спосылать Пантелея в Захлыстино, стяг свежины на базаре купил бы да две либо три свиные туши, баранины, солонины...

— На что такая пропасть, Максимыч? — спросила Аксинья Захаровна.

— Столы хочу строить, — ответил он. — Пусть Данило Тихоныч поглядит на наши порядки, пущай посмотрит, как у нас, за Волгой, народ угощают. Ведь по ихним местам, на Низу, такого заведения нет.

— Не напрасно ли задумал, Максимыч? — сказала Аксинья Захаровна. — На Михайлов день столы строили. Разве не станешь на Троицу?

— Осень — осенью. Троица — Троицей, а теперь само по себе... Не в счет, не в уряд... Сказано: хочу, и делу конец — толковать попусту нечего, — прибавил он, возвыся несколько голос.

— Слышу, Максимыч, слышу, — покорно сказала Аксинья Захаровна. — Делай, как знаешь, воля твоя.

— Без тебя знаю, что моя, — слегка нахмурясь, молвил Патап Максимыч сестре, взглянув на нее исподлобья. — Промеж мужа и жены советниц не надо. Не люблю, терпеть не могу!.. Слушай же, Аксинья Захаровна, — продолжал он, смягчая голос, — скажи стряпухе Арине, взяла бы двух баб на подмогу. Коли нет из наших работниц ловких на стряпню, на деревнях поискала бы. Да вот Анафролью можно прихватить. Ведь она у тебя больше при келарне? — обратился он к Манефе.

— Келарничает, — отвечает Манефа, — только ведь кушанья-то у нас самые простые да постные.

— Пускай поможет; не осквернит рук скоромятиной. Аль грех, по-вашему?

— Какой же грех, — сказала мать Манефа, — лишь бы было заповеданное. И у нас порой на мирских людей мясное стряпают, белицам тоже ину пору. Спроси дочерей, садились ли они у меня на обед без курочки аль без говядины во дни положенные.

— Не бойся, спасена душа, — шутливо сказал Патап Максимыч, — ни зайцев, ни давленых тетерок на стол не поставлю; христиане будут обедать. Значит, твоя Анафролья не осквернится.

— Уж как ты пойдешь, так только слушай тебя, — промолвила мать Манефа. — Налей-ка, сестрица, еще чайку-то, — прибавила она, протягивая чашку к сидевшей за самоваром Аксинье Захаровне.

— Слушай же, Аксинья, — продолжал Патап Максимыч, — народу чтоб вдоволь было всего: студень с хреном, солонина, щи со свежиной, лапша со свининой, пироги с говядиной, баранина с кашей. Все чтоб было сготовлено хорошо и всего было бы вдосталь. За вином спосылать, ренского непьющим бабам купить: рожков, орехов кедровых, жемков, пряников городецких. С завтрашнего дня брагу варить да сыченые квасы ставить.

— Пряников-то да рожков и дома найдется, посылать не для чего. От Михайлова дня много осталось, — сказала Аксинья Захаровна.

— Коли дома есть, так и ладно. Только смотри у меня, чтобы не было в чем недостачи. Не осрами, — сказал Патап Максимыч. — Не то, знаешь меня, — гости со двора, а я за расправу.

— Не впервые, батько, столы-то нам строить, порядки знаем, — отвечала Аксинья Захаровна.

Студень

Ноги и голову поросенка очистить, положить в горшок, налить водою, поставить в истопленную печь, часов на 8; или в кастрюле варить на плите с лавровым листом, английским и простым перцем и солью.

Когда мясо уварится, вынуть его, очистить от костей, сложить в форму, бульон же процедить, влить также в форму, застудить; подавая, выложить на блюдо.

Подается к нему прованское масло, уксус и горчица.

В. А. Гиляровский. «Москва и москвичи»

опуляризировал шашлык в Москве Разживин. Первые шашлыки появились у Автандилова, державшего в семидесятых годах первый кавказский погребок с кахетинскими винами в подвальчике на Софийке. Потом Автандилов переехал на Мясницкую и открыл винный магазин. Шашлыки надолго прекратились, пока в восьмидесятых-девяностых годах в Черкасском переулке, как раз над трактиром «Арсентьича», кавказец Сулханов не открыл без всякого патента при своей квартире кавказскую столовую с шашлыками и — тоже тайно — с кахетинскими винами, специально для приезжих кавказцев. Потом стали ходить и русские.

Шашлык из говядины с рисом

160 г говядины, 40 г шпика, 10 г топленого свиного сала,
15 г сливочного масла, 50 г мясного сока,
50 г репчатого лука, 150 г гарнира, перец.
Мясо (вырезку) нарезать на куски весом 20—25 г,
отбить тяпкой до толщины 5 мм.
Свиной шпик нарезать тонкими ломтиками (2—3 мм)
размером примерно 50х45 мм. Ломтики мяса нанизать на
шпажку вперемежку со шпиком так, чтобы с обоих концов
на шпажке были ломтики мяса. Шашлык на шпажке
обровнять, срезать выступающие кромки кусочков мяса.
Перед жаркой мясо посыпать солью, перцем и поджарить
на сковороде со свиным салом.

При подаче на середину блюда или тарелки положить грядкой рассыпчатую рисовую кашу, сваренную на бульоне, и полить ее сливочным маслом и мясным соком. На кашу поместить готовый шашлык, удалив шпажку так, чтобы кусочки мяса и шпика остались почти в том же положении, в каком они находились на шпажке. Положить на шашлык поджаренный на сливочном масле нашинкованный или нарезанный кольцами лук, жаренный в большом количестве жира (фритюре). Так же можно приготовить шашлык из баранины.

И. Ильф и Е. Петров. «Двенадцать стульев»

Кислярский, приехавший на Кавказ, чтобы отдохнуть от старгородских потрясений, был совершенно подавлен. Мурлыча какую-то чепуху о застое в бараночно-бубличном деле, Кислярский посадил страшных знакомцев в экипаж с посеребренными спицами и подножкой и повез их к горе Давида. На вершину этой ресторанной горы поднялись по канатной железной дороге. Тифлис в тысячах огней медленно уползал в преисподнюю. Заговорщики поднимались прямо к звездам.

Ресторанные столы были расставлены на траве. Глухо бубнил кавказский оркестр, и маленькая девочка, под счастливыми взглядами родителей, по собственному почину танцевала между столиками лезгинку.

— Прикажите чего-нибудь подать, — втолковывал Бендер.

По приказу опытного Кислярского были поданы вино, зелень и соленый грузинский сыр.

— И поесть чего-нибудь, — сказал Остап. — Если бы вы знали, дорогой господин Кислярский, что нам пришлось перенести с Ипполитом Матвеевичем, вы бы подивились нашему мужеству.

«Опять! — с отчаянием подумал Кислярский. — Опять начинаются мои мученья. И почему я не поехал в Крым? Я же ясно хотел ехать в Крым! И Генриетта советовала!»

Но он безропотно заказал два шашлыка и повернул к Остапу свое услужливое лицо.

Шашлык из говядины, жаренный на вертеле

160 г говядины, 10 г сливочного масла, 100 г помидоров,
до 25 г репчатого и зеленого лука, $1/_4$ лимона,
10 г уксуса, перец, зелень.

Говядину (вырезку) нарезать по 5—6 кусков на порцию,
смочить уксусом, добавить тонко нашинкованный
репчатый лук, посыпать солью, перцем, перемешать,
сложить в неокисляющуюся посуду и поставить
в холодное место на 2—3 часа.

Перед жаркой кусочки мяса нанизать на шпажку,
смазать растопленным сливочным маслом и,
повертывая шпажку, жарить мясо над горящими углями
примерно 5—8 минут.

Готовый шашлык снять со шпажки на блюдо.
Гарнировать нарезанным кольцами репчатым луком,
зеленым луком, свежими помидорами и кусочком лимона.
Украсить ветками зелени петрушки.

Вместо лимона к шашлыку можно подать соус
ткемали (сливовый холодный) — 30 г.

На гарнир иногда подают целые помидоры, обжаренные
на решетке одновременно с шашлыком.

А. Н. Толстой. «Петр I»

Петр входил не просто — всегда как-нибудь особенно выкатив глаза, — длинный, без румянца, сжав маленький рот, вдруг появлялся на пороге... Дрожащими ноздрями втягивал сладкие женские духи, приятные запахи трубочного табаку и пива.

— Петер! — громко вскрикивал хозяин. Гости вскакивали, шли с добродушно протянутыми руками, дамы приседали перед странным юношей — царем варваров, показывая в низком книксене пышные груди, высоко подтянутые жесткими корсетами. Все знали, что на первый контрданс Петр пригласит Анхен Монс. Каждый раз она вспыхивала от радостной неожиданности. Анхен хорошела с каждым днем. Девушка была в самой поре. Петр уже много знал по-немецки и по-голландски, и она со вниманием слушала его отрывочные, всегда торопливые рассказы и умненько вставляла слова.

Когда, звякнув огромными шпорами, приглашал ее какой-нибудь молодец-мушкетер, на Петра находила туча, он сутулился на табуретке, искоса следя, как разлетаются юбки беззаботно танцующей Анхен, повертывается русая головка, клонится к мушкетеру шея, перехваченная бархоткой с золотым сердечком.

У него громко болело сердце, так желанна, недоступно соблазнительна была она.

Алексашка танцевал с почтенными дамами, кои за возрастом праздно сидели у стен, трудился до седьмого пота, красавец. Часам к девяти молодежь уходила, исчезала и Анхен. Знатные гости садились ужинать кровяными колбасами, свиными головами с фаршем, удивительными земляными яблоками, чудной сладости и сытости, под названием — картофель... Петр много ел, пил пиво, стряхнув любовное оцепенение, грыз редьку, курил табак. Под утро Алексашка подсаживал его в таратайку. Снова свистел ледяной ветер в непроглядных полях.

Картофель по-княжески

Картофель (400 г) отварить в кожуре, очистить, нарезать ломтиками, посолить. Половину нарезанного картофеля положить в кастрюлю, дно и боковые стенки которой смазать сливочным маслом. 300 г творога и 100 г сливочного масла размешать до сметанообразной массы и положить в кастрюлю. Затем в кастрюлю положить вторую половину нарезанного картофеля. 3 яичных желтка взболтать с молоком (100 г). Этой смесью залить картофель и поставить кастрюлю примерно на час в духовку. После чего подавать на стол.

Вареный фаршированный поросенок

Заготовить поросенка, вымыть его, разрезать, за исключением головки и ножек, вынуть осторожно все кости, чтобы не порезать кожицы. Нафаршировать, зашить, завязать в салфетку, перевязать, опустить в холодную воду в продолговатую кастрюлю, положить туда все вынутые кости, варить 2 часа.

Нафаршировать следующим образом: 500 г телятины мелко изрубить, добавить мякиш хлеба, смоченный в молоке, 2 яйца, соли, жира, $1/2$ луковицы, поджаренной в ложке масла, черного молотого перца, все это провернуть через мясорубку. Затем 100 г вареной ветчины или языка нарезать тонкими ломтиками. Приготовить омлет: один из 2 желтков, другой из 2 белков с $1/3$ ложки масла, черным перцем и петрушкой.

Положить слой фарша, слой ветчины, слой омлета
и опять слой фарша. Поросенка как следует зашить,
снова завернуть в салфетку и снова варить. В конце
варки посолить. Подавать под соусом из шампиньонов,
приготовленных на бульоне из-под поросенка.

Это кушанье можно приготовить и из половины туловища
поросенка, разрезанного не вдоль, а поперек.

Его можно подавать и холодным.

В. А. Гиляровский. «Москва и москвичи»

Завтракали. Только перед вами ушли.
— Поросеночка с хреном, конечно, ели?
— Шесть окорочков под водочку изволили скушать. Очень любят с хренком и со сметанкой.

Поросенок заливной

На 1 порцию: поросенок — 135 г, желе мясное —125 г,
гарнир — 150 г, соус хрен с уксусом — 40 г и зелень.
Поросенка сварить, нарубить на порционные куски,
уложить их на противень, украсить ломтиками вареного
яйца, звездочками из моркови, зеленью. На противень
налить незастывшее желе, чтобы оно покрывало на
$1/3$ куски поросенка. Когда желе застынет, каждый кусок
поросенка залить полузастывшим желе, выпуская его из
бумажной трубочки. При подаче положить на блюдо
рубленое желе, огурцы, помидоры, краснокочанную
капусту и т.п.

Соус хрен с уксусом

На 300 г хрена: уксус 9%-ный — 250 г, вода — 450 г, сахар — 20 г, соль — 20 г.
Приготовленный хрен измельчить на терке, слегка порубить ножом, положить в посуду, залить кипятком. Когда хрен остынет, добавить уксус, соль, сахар и размешать. Соус подается к холодным и горячим мясным и рыбным блюдам.

Птица

А.Н. Толстой. «Петр I»

С нова пришлось идти в ту же палату, где обкручивали. По пути свахи осыпали молодых льном и коноплей. Семечко льна прилипло у Евдокии к нижней губе — так и осталось. Чистые, в красных рубахах мужики, нарочно пригнанные из Твери, благолепно и немятежно играли на сурьмах и бубнах. Плясицы пели. Снова подавали холодную и горячую еду — теперь уже гости ели за обе щеки. Но молодым кушать было неприлично. Когда вносили третью перемену — лебедей, — перед ними поставили жареную курицу. Борис взял ее руками с блюда, завернул в скатерть и, поклонясь Наталье Кирилловне и Ромодановскому, Лопухину и Лопухиной, проговорил весело:

— Благословите вести молодых опочивать...

Уже подвыпившие, всей гурьбой родные и гости повели царя и царицу в сенник. По пути в темноте какая-то женщина — не разобрать — в вывороченной шубе с хохотом опять осыпала их из ведра льном и коноплей. У открытой двери стоял Никита Зотов, держа голую саблю. Петр взял Евдокию за плечи — она зажмурилась, откинулась, упираясь, — толкнул ее в сенник и резко обернулся к гостям: у них пропал смех, когда они увидели его глаза, попятились. Он захлопнул за собой дверь и, глядя на жену, стоящую с прижатыми к груди кулачками у постели, принялся грызть заусенец. Черт знает как было неприятно, нехорошо — досада так и кипела... Свадьба проклятая! Потешились старым обычаем! И эта вот — стоит девчонка, трясется, как овца! Он потащил с себя бармы, скинул через голову ризы, бросил на стул.

— Да ты сядь... Авдотья... Чего боишься?

Евдокия кротко, послушно кивнула, но влезть на такую высоченную постель не могла и растерялась. Присела на бочку с пшеницей. Испуганно покосилась на мужа и покраснела.

— Есть хочешь?

— Да, — шепотом ответила она.

В ногах кровати на блюде стояла та самая жареная курица. Петр отломил у нее ногу, сразу — без хлеба, соли — стал есть. Оторвал крыло:

— На.

— Спасибо...

Курица с медом и орехами

На 1 курицу: 2 ст. л. меда, 1,5 ст. л. сливочного масла, 1 ч. л. розовой воды, 1 ст. л. мелко нарубленных орехов, жир для жарки.

Масло растопить, смешать с медом.

Начинить этой массой грудку и ножки курицы.
Оставшуюся смесь меда и масла разбавить розовой водой
и этой жидкостью натереть всю курицу,
после чего обжарить ее в жире до готовности.
Разделить на две части и положить на блюдо спинкой
вверх. Сверху посыпать орехами.

Плов с цыпленком и сушеными фруктами

На 100 г риса: цыпленок — 100—150 г, масло топленое —
40 г, изюм — 10 г, абрикос или чернослив — 30 г,
шафран — 0,05 г.
Рис, отваренный в подсоленной воде, заправить топленым
маслом, предварительно окрасив половину его шафраном.
Сушеные фрукты промыть, обжарить с маслом
и припустить в закрытой посуде с добавлением небольшого
количества воды.
Подготовленного цыпленка разрубить вдоль на 2 части,
после чего жарить на масле до готовности. При подаче на
тарелку положить горячий рис, на него — фрукты вместе
с соком, а рядом — половинку цыпленка.

И. Ильф и Е. Петров. «Золотой теленок»

Великий комбинатор не стал раздумывать. Чувствуя слабость в ногах после тяжелых скитаний, невозвратимых утрат и двухчасового стояния на подножке вагона, он взобрался наверх. Оттуда ему представилось чудесное видение — у окна, на столике, задрав ножки вверх, как оглобли, лежала белотелая вареная курица.

— Я иду по неверному пути Паниковского, — прошептал Остап.

С этими словами он поднял курицу к себе и съел ее без хлеба и соли. Косточки он засунул под твердый холщовый валик. Он заснул счастливый, под скрипение переборок, вдыхая неповторимый железнодорожный запах краски.

Фаршированная курица

На 1 курицу — 400 г свинины, 100 г шпика, 3 яйца,
100 г зеленого горошка, $1/2$ стакана молока,
1 г мускатного ореха, 1 г перца, соль.

На обработанной тушке курицы делают продольный разрез
вдоль позвоночника и срезают целиком кожу, оставляя
слой мякоти толщиной до 1 см.

Остальную мякоть вместе со свининой пропускают
2—3 раза через мясорубку, протирают, добавляют сырые
яйца, молоко и взбивают.

В готовый фарш кладут нарезанный мелкими кубиками
шпик, зеленый горошек, соль, мускатный орех и
перемешивают.

Фаршем наполняют кожу с мякотью, зашивают разрез
и придают форму целой курицы. Затем заворачивают ее
в салфетку или пергамент, перевязывают шпагатом и варят
в бульоне 1—1,5 часа.

Готовую курицу охлаждают в бульоне, кладут под легкий
пресс и ставят на холод.

И. А. Бунин. «На даче»

Гриша промолчал и сел за стол. На столе был приготовлен ему прибор и завтрак: масло, яйца, глянцевито-зеленые огурцы. Среди стаканов стоял серебряный кофейник, подогреваемый синими огнями бензиновой лампы. Наталья Борисовна старательно снимала ножом и вилкой мясо с крылышка холодного цыпленка.

Тушеная курица с черносливом

Одну большую курицу выпотрошить, посолить, положить в кастрюлю 100 г сливочного масла, кореньев, пряностей. Когда масло закипит, положить курицу, тушить под крышкой до мягкости, переворачивая и подливая понемногу воды. Когда изжарится, добавить 3 стакана бульона и варить еще полчаса. Масло поджарить с ложкой муки, развести бульоном от курицы, влить немного уксуса или лимонного сока, положить 1—2 куска сахара, вскипятить, процедить, облить курицу, положить к ней чернослив (который сначала обварить кипятком, накрыть и дать постоять в течение 1 часа). Еще раз прокипятить все вместе. Переложить курицу на блюдо и украсить зеленью и черносливом.

И.С. Шмелев. «Лето Господне»

На именины уж всегда к обеду гусь с яблоками, с красной шинкованной капустой и соленьем, так уж исстари повелось. Именины парадные, кондитер Фирсанов готовит ужин, гусь ему что-то неприятен: советует индеек, обложить рябчиками-гарниром, и соус из тертых рябчиков, всегда так у графа Шереметьева. Жарят гусей и на людской стол: пришлого всякого народу будет. И еще — самое-то главное! — за ужином будет «удивление», у Абрикосова отец закажет гостей дивить. К этому все привыкли, знают, что будет «удивление», а какое — не угадать. Отца называют фантазером: уж всегда что-нибудь надумает.

Гусь с яблоками

На 1 гуся — 1,5 кг яблок, 2 ст. л. масла.
Подготовленного гуся посолить, нафаршировать очищенными от сердцевины и нарезанными дольками яблоками. Отверстие в брюшке зашить. Гуся положить спинкой на сковороду, добавить $1/_2$ стакана воды и поставить в духовку. Во время жаренья гуся необходимо несколько раз поливать вытопившимся жиром и соком.

Жарить гуся следует 1,5—2 часа. Из готового гуся удалить нитки, вынуть ложкой яблоки, поместить их на блюдо. Гуся разрубить и уложить на яблоки.

На гарнир можно подать печеные яблоки, тушеную капусту, гречневую кашу или картофель.

И. Ильф и Е. Петров. «Золотой теленок»

Паниковский бежит! — закричал Балаганов.

— Вторая стадия кражи гуся, — холодно заметил Остап. — Третья стадия начнется после поимки виновного. Она сопровождается чувствительными побоями.

О приближении третьей стадии Паниковский, вероятно, догадывался, потому что бежал во всю прыть. От страха он не выпускал гуся, и это вызывало в преследователях сильное раздражение.

— Сто шестнадцатая статья, — наизусть сказал Козлевич. — Тайное, а равно открытое похищение крупного скота у трудового земледельческого и скотоводческого населения.

Балаганов захохотал. Его тешила мысль, что нарушитель конвенции получит законное возмездие.

Машина выбралась на шоссе, прорезав галдящую толпу.

— Спасите! — закричал Паниковский, когда «Антилопа» с ним поравнялась.

— Бог подаст, — ответил Балаганов, свешиваясь за борт.

Машина обдала Паниковского клубами малиновой пыли.

— Возьмите меня! — вопил Паниковский из последних сил, держась рядом с машиной. — Я хороший.

Голоса преследователей сливались в общий недоброжелательный гул.

— Может, возьмем гада? — спросил Остап.

— Не надо, — жестоко ответил Балаганов, — пусть в другой раз знает, как нарушать конвенции.

Но Остап уже принял решение.

— Брось птицу! — закричал он Паниковскому и, обращаясь к шоферу, добавил: — Малый ход.

Паниковский немедленно повиновался. Гусь недовольно поднялся с земли, почесался и как ни в чем не бывало пошел обратно в город.

И. Ильф и Е. Петров. «Двенадцать стульев»

Брунс представил себе большого коричневого гуся с шипящей жирной кожей и, не в силах сдержать себя, завопил:

— Мусик!!! Готов гусик?!

— Андрей Михайлович! — закричал женский голос из комнаты. — Не морочь мне голову!

П. П. Кончаловский *«Толстой в гостях у художника»*

И. И. Машков *«Натюрморт с самоваром»*

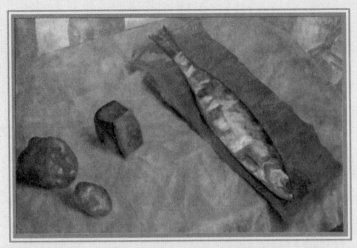

К. С. Петров-Водкин *«Селедка»*

И. Ф. Хруцкий *«Битая дичь, овощи»*

И. И. Машков *«Натюрморт с крабами»*

Вывеска для бакалейной лавки

К. Ф. Юон *«Зима, Ростов Великий»*

В. Е. Маковский *«Беседа»*

Трактирная вывеска. *Начало XX века*

Вывеска для фруктовой и овощной лавки

З. Е. Серебрякова *«За завтраком»*

К. А. Коровин «*За чайным столом*»

К. А. Коровин «*Розы*»

Н. Н. Сапунов *«Вазы и цветы»*

В. Винстер *«Вывеска»*

Вывеска для бакалейной лавки

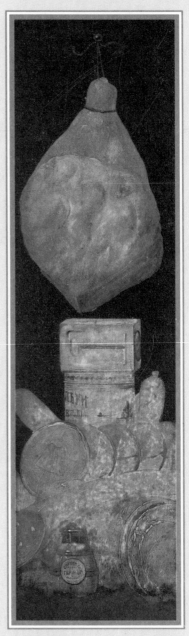

Вывески для мясных лавок

Лубочные картины

К. А. Коровин «Сирень»

А. А. Пластов «Ужин трактористов»

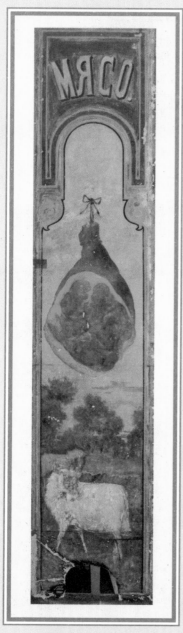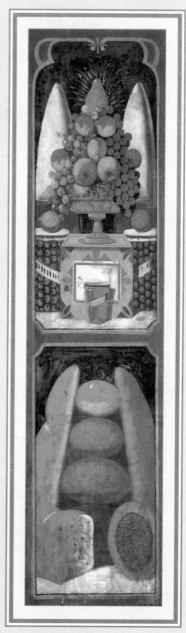

Вывески для мясной, фруктовой и хлебной лавок

Вывеска для рыбной лавки

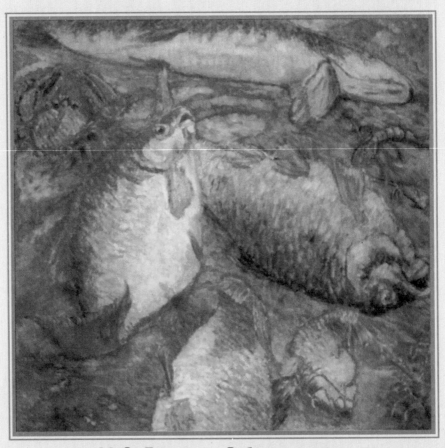

М. Ф. Ларионов *«Рыбы при закате»*

И. Ф. Хруцкий *«Натюрморт со свечой»*

Н. Н. Сапунов *«Натюрморт с вазой и цветами»*

П. В. Кузнецов *«Утро»*

П. П. Кончаловский *«Окно в Крым. Балаклава»*

Инженер, свернувший уже привычные губы в трубочку, немедленно ответил:

— Мусик! Ты не жалеешь своего маленького мужика!

— Пошел вон, обжора! — ответили из комнаты.

Жареный гусь с изюмом и яблоками

1 средних размеров гусь, 4 ст. л. изюма, 1 ст. л. сахара,
15 средних размеров яблок, зелень петрушки,
8—10 маслин, соль по вкусу.

Подготовленного, выпотрошенного гуся снаружи и изнутри натереть солью. 6—8 кислых яблок, лучше антоновских, очистить от кожицы, разрезать на четвертинки и удалить у них семенники. Изюм промыть и замочить в горячей воде, чтобы он немного разбух, вынуть и перемешать с яблоками и сахаром. Равномерно нафаршировать этой смесью тушку гуся и прорезь зашить нитками. Уложить тушку на противень спинкой вниз, добавить половину стакана воды и поставить в сильно разогретую духовку. Как только тушка зарумянится, перевернуть ее разрезом вниз. Когда весь гусь слегка подрумянится, огонь нужно убавить до слабого, а тушку периодически (через каждые 7—10 минут) поливать жиром, который из нее вытапливается на противень. Если вам не удается зачерпывать жир ложкой, нужно вынуть противень из духовки и, придерживая гуся, слить жир в чашку. Из чашки поливать гуся удобнее.

Примерно через три часа такой жарки гусь будет готов. Деревянная тонкая палочка должна прокалывать тушку без усилий.

За несколько минут до окончания жарки обложить гуся оставшимися яблоками без семенников, полить их жиром и запечь в сильно разогретой духовке до полного размягчения. При этом нужно следить, чтобы яблоки не растрескались.

Из готового гуся удалить нитки и вынуть фарш.

Фарш выложить на овальное блюдо, сверху положить гуся, а вокруг — запеченные яблоки. Вместо семенников вставить в яблоки маслины. Украсить блюдо зеленью.

Гуся можно фаршировать также свежей капустой, гречневой кашей с грибами и луком, разварным картофелем.

Этим же способом готовят утку.

П. Мельников-Печерский. «В лесах»

— Ах ты, бабий сын, речистый какой пострел! — весело молвил дядя Елистрат, хлопнув по плечу любимовца. — Щей подай, друг ты мой сердечный, да смотри в оба, чтобы щи-то были из самолучшей говядины... Подовые пироги ко щам — с лучком, с мачком, с перечком... Понимаешь?.. Сами бы в рот лезли... Слышишь?.. У них знатные щи варят — язык проглотишь, — продолжал дядя Елистрат, обращаясь к Алексею. — Еще-то чего пожуем, земляк?

— По мне, все едино, заказывай, коли начал, — ответил Алексей.

— Гуся разве с капустой?.. А коль охота, так и жареного поросенка с кашей мигом спроворят. Здесь, брат, окромя птичьего молока, все есть, что душе твоей ни захочется... Так али нет говорю, молодéц? — прибавил он половому, снова хлопнув его по плечу дружески, изо всей мочи.

— Все будет в самой скорой готовности, что вашей милости ни потребуется, — бойко подхватил любимовец, отстороняясь, однако, от назойливых ласк наянливого дяди Елистрата.

— Разве еще селянку заказать? Из почек? — спросил Алексея знакомый с трактирными кушаньями дядя Елистрат.

— Пожалуй, — равнодушно ответил Алексей.

— Валяй! — крикнул Елистрат половому. — Да чтоб у меня все живой рукой поспело — тотчас!.. Стрижена девка косы б не успела заплесть!.. Вот как!..

— Значит: щей, да селяночку московскую, да селяночку из почек, да пирогов подовых, да гуся с капустой, да поросенка жареного, — скороговоркой перебирал половой, считая по пальцам. — Из сладкого чего вашей милости потребуется?

— Девки, что ли, к тебе есть-то пришли? — захохотал дядя Елистрат. — Сладким вздумал потчевать!.. Эх ты, голова с мозгом!.. А еще любимовец-невыдавец!.. Заместо девичья-то кушанья мадерцы нам бутылочку поставь, а рюмки-то подай «хозяйские»: пошире да поглубже. Проворь же, а ты, разлюбезный молодéц, проворь поскорее.

Алексею обед понравился, пришлась по вкусу и мадера ярославского произведения изо всякой всячины знаменитых виноделов братьев Соболевых. Но как ни голоден, как ни охоч был дядя Елистрат до чужих обедов, всего заказанного одолеть не смог. Гусь остался почти нетронутым. Дядя Елистрат по горло сыт, но глаза еще голодны, и потому, нимало сумняся, вынул из-за пазухи синий бумажный платок и, завязав в него гуся, сунул в карман — полакомиться сладким кусом на сон грядущий.

Н. В. Гоголь. «Мертвые души»

За бараньим боком последовали ватрушки, из которых каждая была гораздо больше тарелки, потом индюк ростом в теленка, набитый всяким добром: яйцами, рисом, печенками и невесть чем, что все ложилось комом в желудке. Этим обед и кончился; но, когда встали из-за стола, Чичиков почувствовал в себе тяжести на целый пуд больше.

Рецепт из книги Елены Молоховец «Подарок молодым хозяйкам» Индейки

Примечания:

1) Малых индеек не употребляют. Самые лучшие подготовляются к Рождеству и откормленные — к Пасхе.

2) Зарезав индейку, у теплой еще очистить от перьев грудь, хребет и в суставах, оставляя крылья, тотчас выпотрошить.

3) Чтобы мясо не было твердо, летом повесить в холодном месте, по крайней мере на день, а зимою на три.
Но если время не терпит, то влить в горло индейки столовую ложку хорошего уксуса, запереть ее в каком-нибудь месте, где бы она могла иметь движение. Спустя 2—3 часа, не раньше, зарезать, очистить, выпотрошить и тотчас же варить или жарить. Мясо такой индейки будет чрезвычайно рассыпчато и вкусно.

4) Взяв для употребления, тщательно очистить, натереть мукою, опалить, вымыть хорошенько, вытереть снова пшеничною мукою и солью, беря ее по $1/2$ ложечки на каждый фунт мякоти. Головку, ножки, крылышки отрезать всегда на суп. Зоб вычистить.

5) Некоторые не любят запаха жареной индейки и поэтому, для уничтожения его, кладут внутрь кусочек имбиря и с ним жарят.

6) Внутренности индейки, т.е. сердце, печенка и пупок, употребляются в суп, причем должны быть тщательно очищены, промыты и продержаны некоторое время в холодной воде.

7) Хорошая индейка познается по белой коже и жиру. Чем старше индейка, тем толще у нее лапки и шея, а также кожа в суставах делается фиолетового цвета. У молодых индейских петухов лапы темного цвета и маленькие задние ногти, вследствие чего у петухов постарше торговцы обрезают иногда ногти, чтобы скрыть их возраст. У старой же индейки лапы красные и грубые.

8) 5-фунтовую индейку можно разрезать на 20 частей, а именно: отрезать сперва 1-й сустав, потом 2-й сустав лапок, что составит 4 куска. Потом 2-й сустав крылышек (потому что первые суставы не жарятся, а оставляются на суп), потом разрезать индейку вдоль на 3 части; 2 боковые мягкие части разрезать каждую на 3 части наискось, начиная от шеи к бокам. Потом оставшуюся грудную кость

с мясом по обеим сторонам срезать ножом вдоль, т.е. отрезать ее от спинки во всю длину индейки и потом как грудную кость, так и спинку разрубить каждую поперек на 4 части, что и составит всего 20 кусков.

9) Если индейка более 5 фунтов, то прибавляется мягких кусков, наискось нарезанных, и самую спинку и грудную кость можно тогда разрубить не на 8, а на 10 или 12 частей. Разрезав таким образом индейку на части, сложить ее на блюдо, как бы цельную. В соус подлить ложки 2—3 воды, вскипятить, процедить, подлить на блюдо, остальное подать в соусниках.

10) Для жаренья жирной, самой крупной индейки достаточно $1/_8$ фунта масла, а менее жирной — $1/_4$ фунта.

11) Крупная откормленная индюшка жарится около 3 часов, 5-фунтовая — от 1,5 до 2 часов.

12) На 6—8 человек достаточно на одно кушанье $1/_2$ крупной и жирной индейки. Следовательно, один день из одной половины приготовить разварную, а на следующий день из другой половины жареную.

Или головку, лапки и крылышки отрезать на суп, а самый корпус на жаркое.

Из небольшой старой и нежирной изготовлять суп и котлеты.

13) Если придется нашпиговать шпиком, то нарезать его кусочками в 1,5 вершка[1] длиною, толщиною в полсантиметра, вкладывать в шпиговку, чтобы шпик держался в ней крепко, прокалывать острым концом мясо и продергивать сквозь него шпик, оставляя его в нем.

14) Индейка, как и каплун и пулярда, фаршируется иногда тремя манерами, как сказано в примечании о каплунах и пулярдах.

Жаркое из индейки. Очистить и изжарить индейку, как сказано в примечании, т.е. натереть ее солью, по $1/_2$ ложечки на каждый фунт, положить ее на противень, подлить ложки 2—3 воды, смазать ее $1/_8$—$1/_4$ фунта масла. Поставить в горячую печь, чтобы кругом подрумянилась, потом поливать каждые 10 минут.

Затем дожарить, уменьшить в печи жар, начав поливать ее каждые 10 минут стекшим с нее соусом, но так, чтобы не

---

[1] В е р ш о к — старая русская мера длины, равная 4,4 см.

захватывать снизу запекшейся крови, которая, приставая к жаркому, будет подгорать на нем. Когда жаркое будет готово, т.е. когда вилка или шпиговка легко будет проходить в него, облить индейку в последний раз, осыпать тертой булкой, через 5—10 минут вынуть.

Между тем слить соус, подлить в него ложки 2—3 воды, вскипятить, процедить; индейку разрезать, как сказано в примечании, положить на блюдо, как бы цельною, подлить соуса, остальной подать в соуснике, сняв с соуса лишний жир.

Подается к ней какой-нибудь салат, вишневое пюре или соус из каштанов. Такую точно индейку можно изжарить и на вертеле.

Взять: 4-фунтовую индейку, $^1/_8$—$^1/_4$ фунта масла, кусочек имбиря.

Жареная индейка, фаршированная грецкими орехами

Приготовить совершенно так, как сказано выше.

На индейку взять 1 фунт грецких орехов, очистить их от скорлупы, обварить, очистить от кожицы, истолочь, чтобы сделалось как тесто, положить к ним 1 фунт поджаренной в масле телячьей печенки, истолченной и протертой сквозь сито, $^1/_2$ белого, в молоке размоченного хлеба, 2—4 сырых яйца и $^1/_8$ фунта сливочного масла, смешать все вместе, нафаршировать индейку, изжарить, как сказано в примечании. Подавая, разрезать, облить красным соусом с мадерою.

Взять: 4-фунтовую индейку, 1 фунт грецких орехов, 1 фунт телячьей печенки, 2—3 ложки масла, $^1/_2$ французской булки, 2 яйца.

На соус: $^1/_3$ стакана муки, 3—4 куска сахара, $^1/_2$ лимона, $^1/_4$—$^1/_2$ стакана мадеры.

Жареная индейка, фаршированная яблоками

Изжарить, как сказано выше, нафаршировать ее яблоками, очищенными от сердцевины и кожицы.

Взять: жирную индейку, $^1/_4$ фунта масла.

На фарш: 1 телячью печенку, $^1/_8$ фунта масла или $^1/_4$ фунта шпика.

2—3 лавровых листа, 2—4 зерна английского перца, французскую булку, 1 стакан молока, $^1/_8$—$^1/_4$ масла, 2—6 яиц, 1—2 куска сахара ($^1/_2$ стакана коринки).

Жареная индейка с бешамелем. Молодую индейку
(нашпиговать $^1/_4$ фунта шпика, кто любит) посолить,
обвязать бумагою, намазанною маслом, жарить на вертеле,
поливая маслом; когда почти будет готова, снять бумагу,
поливать ее бешамелем, а когда зарумянится, снять
осторожно на блюдо. Бешамель приготовить следующий:
1,5 ложки масла распустить, всыпать $^1/_2$ стакана муки,
развести сливками или молоком, прокипятить хорошенько,
мешая, обливать индейку, курицу и даже дичь.
Взять: 3-фунтовую молодую индейку, $^1/_4$ фунта шпика,
1 ложку масла, кусочек имбиря.
На бешамель: $^1/_2$ стакана муки, 1,5 ложки масла,
1,5 стакана сливок или молока.
Подать к ней салат.

***Жареная или тушеная индейка, фаршированная
печенкою.*** Очистить индейку, изжарить, как сказано ранее,
нафаршировать фаршем из телячьей печенки. Фаршировать
можно трояким манером, как сказано в примечании
о каплунах и пулярдах. Телячью печенку вымыть, слегка
поджарить в кастрюльке со шпиком или маслом, лавровым
листом и английским перцем; затем печенку мелко
изрубить, истолочь в ступке и протереть сквозь дуршлаг
или остывшую натереть на терке. Положить в нее
1 французскую булку, намоченную в молоке, в воде или
в бульоне, ложку масла, посолить, положить ложку сахара
($^1/_2$ стакана коринки, кто хочет) и сырых яиц, от 2 до 6,
а именно: если индейка подается горячею, то надо
положить больше яиц, чтобы масса была плотная, если же
холодною, то меньше. Нафаршировать не очень туго, потому что фарш разбухает, плотно зашить, изжарить в духовой
печи или на вертеле. Подать к ней салат.
Если же ее тушить, то, отрезав лапки и крылышки на суп,
можно тушить в кастрюле под крышкою, на плите на
малом огне, чаще переворачивая индейку, положив сперва
в кастрюлю 1—2 луковицы, $^1/_2$ корня петрушки, $^1/_2$ корня
сельдерея, 1 морковь, 2—3 шт. лаврового листа, 4—6 зерен
английского перца, $^1/_4$ фунта масла, немного кипятку.
Тушить часа полтора; перед отпуском поставить индейку
на $^1/_4$ часа в духовую печь, не накрывая крышкой, чтобы
индейка подрумянилась. Разрезать на порции, облить
соусом красным.

М. Булгаков. «Собачье сердце»

Зина внесла индейку. Борменталь налил Филиппу Филипповичу красного вина и предложил Шарикову.

— Я не хочу, я лучше водочки выпью. — Лицо его замаслилось, на лбу проступил пот, он повеселел. И Филипп Филиппович несколько подобрел после вина. Его глаза прояснились, он благосклоннее поглядывал на Шарикова, черная голова которого в салфетке сидела как муха в сметане. Борменталь же, подкрепившись, обнаружил склонность к деятельности.

Жареная или тушеная индейка, фаршированная рисом

Изжарить индейку или тушить, нафаршировать же ее следующим образом: 1 стакан риса намочить в холодной воде, перемыть, слить, налить немного свежей холодной воды, чтобы покрыло на палец выше риса, сварить до полуготовности, мешая, чтобы не пригорело, откинуть на дуршлаг, перелить несколько раз холодною водою, переложить в кастрюльку, положить $1/2$—1 ложку масла, налить чуть-чуть бульона, размешать, накрыть крышкою, поставить в духовую печь минут на 10, потом положить в него $1/4$ стакана коринки, посолить, кто хочет, вбить 2—4 сырых яйца, всыпать, кто любит, мускатного ореха, размешать, нафаршировать индейку.

Взять: индейку, 1 стакан риса, 2—3 ложки масла, ($1/2$ стакана коринки), 2 яйца.

Тушеная индейка, фаршированная каштанами

Поступить с индейкой, как сказано выше. Нафаршировать же следующим образом: обдать кипятком фунт каштанов, очистить их от кожицы, налить немного молока, положить $1/_8$—$1/_4$ фунта масла, посолить, дать прокипеть, истолочь, протереть сквозь сито, положить куска 2—4 сахара, нафаршировать индейку, зашить, изжарить; если же тушить, то на плите, в кастрюльке, чаще переворачивая, с кореньями, лавровым листом, английским перцем, шпиком или маслом и немного бульоном. Чтобы подрумянилась, поставить перед отпуском на 2 часа в духовую печь, не покрывая кастрюльки.

И.С. Шмелев. «Пути Небесные»

После катанья поехали в «Большой Московский» — хотелось есть. Слушали про новую «машину», огромную, как алтарь, в меди и серебре. Играла она «Лучинушку» и «Тройку». Вспоминался «музыкальный ящик». Им подавали расстегаи, стерляжью уху и рябчиков. Пили шампанское и кофе. Чудесно... куда теперь? Завтра опять на горы?.. Последний день. «Пошли дороги?» — «Говорят, кажется...»

Лихач прокатил Кузнецким. После двух дней метели было особенно парадно, людно. Разгуливали франты в пышных воротниках, в цилиндрах. Показывали меха и юбки бархатные прелестницы, щеголяли нарядные упряжки, гикали лихачи, страшно ныряя на ухабах, дымом дымились лошади. Побывали у немца на Петровке, выпили шоколаду и ликеру, зашли к Сиу.

Фазан жареный с грибами и луком

$^1/_3$ фазана, 5 г свиного топленого сала, 12 г сливочного масла, 30 г шампиньонов, 30 г саженца лука, 5 г вина (мадера), 100 г жареного картофеля.

Фазана жарить так же, как курицу, в сотейнике. После того как фазан зарумянится со всех сторон, добавить сырые мелкие головки шампиньонов и головки лука-саженца, предварительно поджаренные в масле, закрыть посуду крышкой и довести до готовности на слабом огне. Затем прибавить вино (мадеру), коричневый крепкий бульон (50 г) и прокипятить. Блюдо можно готовить также и без вина. При подаче порцию фазана положить в глубокое блюдо, вокруг уложить шампиньоны, лук и полить соком, накрыть крышкой, нагреть до кипения и подать. На гарнир можно подать жареный картофель.

Филе фазана жареное с вареньем

100 г филе фазана, $^1/_4$ яйца, 20 г сливочного масла, 30 г пшеничного хлеба, 100 г жареного картофеля, 50 г варенья, перец, зелень.

Филе зачистить от сухожилий. Нарезать филе по 2 куска на порцию. Куски отбить тяпкой, посыпать солью и перцем, смочить в яйце, запанировать в мякише белого хлеба, нарезанном кубиками или короткой соломкой, и обжарить. При подаче готовое филе положить на блюдо, уложить картофель, жаренный соломкой, и украсить зеленью. Отдельно подать варенье из брусники или клюквы с яблоками.

Жареный фазан

1 фазан, 200 г сала шпик, 3—4 ржаных сухаря, 200 г топленого масла.

Если фазан свежий, его следует выдержать, не ощипывая, 5—8 дней в прохладном месте. Затем перья ощипать, голову отрубить и положить в холодильник. Тушку опалить и, пока она еще не остыла от огня, хорошо натереть куском свиного сала или маргарином, завернутым в тонкую хлопчатобумажную ткань (это необходимо для того, чтобы очистить фазана от корней пуха и мелких перьев). Удалить внутренности.

Грудь тушки нашпиговать салом. Уложить фазана в утятницу, добавить половину стакана воды и поставить в разогретую духовку. Слегка зарумянившуюся тушку следует постоянно поливать горячим маслом, смешанным с 2—3 столовыми ложками кипятка. Незадолго до окончания жарки смазать фазана сметаной.

Когда фазан изжарится (примерно через час), еще раз облить его маслом, обсыпать тертыми сухарями и немного выдержать в духовке, чтобы сухари запеклись.

Переложить на блюдо, с помощью тонкой палочки прикрепить к шее голову с перьями, место стыка замаскировать бумажным конусом с бахромой. В тушку воткнуть перья от хвоста. На блюдо подлить немного соуса, в котором жарился фазан. Вокруг тушки красиво уложить жареный картофель, обжаренные с луком шампиньоны. Голову и кончики перьев хвоста, прежде чем ими украсить фазана, необходимо обжарить во фритюре.

М. Зощенко. «Сентиментальные повести»

Весь день проходил в неимоверной суете и оживлении.

А к вечеру, когда сумерки наполнили комнату, Иван Алексеевич зажег свет и принялся убирать стол. Раздвинув его на двенадцать персон и постелив белоснежную скатерть, он стал украшать и раздраконивать его, вспоминая, как это делалось раньше.

И вскоре чисто вымытые тарелки, ножи, рюмки и всевозможные изысканные блюда давили своей тяжестью стол. Тут была и икра всех сортов, и малосольная семга, и сижки копченые, и английские паштеты из дичи, и прочая снедь. И среди всего этого, гордо оттеснив закуску, стояли бутылки разных вин.

Когда все это было готово, Иван Алексеевич, утомленный и вспотевший, присел к столу, придвинув для этой цели стул.

Руки Ивана Алексеевича дрожали, и грудь вздымалась высоко и порывисто. Он хотел слегка отдохнуть за полчаса до гостей, но ему не сиделось. Ему казалось, что не все еще сделано. Ребяческая улыбка не сходила с его лица. Тогда, смеясь и кривляясь, он достал из ящика письменного стола цветную тонкую бумагу, из которой некогда делались цветы, взял ножницы и стал вырезывать ровные полосы, делая из них нечто вроде цветов. Потом, свернув их вместе пушистым букетом, он стал прилаживать к хвосту жареной тетерки. Получилось действительно крайне эффектно, и стол от этого только выиграл.

Тогда, взяв еще лист розовой бумаги, Иван Алексеевич хотел то же самое проделать и с окороком ветчины.

Куропатка в сливках с изюмом

$^1/_2$ куропатки, 5 г муки, 12 г сливочного масла,
5 г коньяка, 30 г сливок или сметаны, 20 г изюма,
30 г пшеничного хлеба, перец.
Сырую куропатку разрезать на две части,
слегка расплющить тяпкой, посолить,
посыпать солью, перцем, залакировать в муке
и быстро обжарить в сотейнике с маслом.
Затем куски куропатки облить коньяком,
закрыть посуду крышкой и через минуту добавить

коричневый бульон (20—30 г), сливки, изюм и тушить
в закрытой посуде на слабом огне 5—6 минут.
При подаче куропатку положить на блюдо или тарелку.
Гарнировать гренками из пшеничного хлеба,
поджаренными в масле; полить соусом с изюмом.

Куропатка с апельсинами

$1/2$ куропатки, 10 г свиного топленого сала,
5 г сливочного масла, $1/2$ апельсина, 25 г винограда.
Жареную куропатку положить в глубокое блюдо.
Срезать с апельсина цедру, нарезать ее соломкой
и ошпарить, а апельсин нарезать дольками
и удалить из него семена.
Вокруг куропатки уложить дольки апельсина и виноград,
залить соком, оставшимся после обжаривания куропатки,
посыпать цедрой, закрыть посуду крышкой и довести
до готовности в жарочном шкафу в течение 5—6 минут.
Подать в той же посуде или переложить на блюдо,
полив соком и маслом.

Белая куропатка, тушенная в сметане

2 средних размеров куропатки, 100 г сливочного масла,
2—4 луковицы, 4 моркови, 2 стакана сметаны,
1 столовая ложка муки, соль, перец по вкусу.
Подготовленных куропаток натереть солью
и разрезать на половинки вдоль позвоночника.
В сковороде распустить сливочное масло и слегка
обжарить куропаток.
Сложить их в миску, а на этом же масле обжарить мелко
нарезанные лук и морковь до их размягчения.
На овощи уложить куски дичи, залить их сметаной
(для вязкости в сметану можно добавить муку), посолить,
поперчить и тушить под крышкой на слабом огне
до готовности мяса примерно час.
Готовое мясо выложить на блюдо, облить сметанным
соусом с овощами.

Рыба

К. Г. Паустовский. «Мещёрская сторона»

Я сидел на разбитом плоту, курил и следил за перяным поплавком. Я терпеливо ждал, когда поплавок вздрогнет и пойдет в зеленую речную глубину. Старик ходил по песчаному берегу со спиннингом. Я слышал из-за кустов его вздохи и возгласы:

— Какое дивное, очаровательное утро!

Потом я услышал за кустами кряканье, топот, сопенье и звуки, очень похожие на мычание коровы с завязанным ртом. Что-то тяжелое шлепнулось в воду, и старик закричал тонким голосом:

— Боже мой, какая красота!

Я соскочил с плота, по пояс в воде добрался до берега и подбежал к старику. Он стоял за кустами у самой воды, а на песке перед ним тяжело дышала старая щука. На первый взгляд в ней было не меньше пуда.

— Тащите ее подальше от воды! — крикнул я.

Но старик зашипел на меня и дрожащими руками вынул из кармана пенсне. Он надел его, нагнулся над щукой и начал ее рассматривать с таким восторгом, с каким знатоки любуются редкой картиной в музее.

Щука не сводила со старика злых прищуренных глаз.

— Здорово похожа на крокодила! — сказал Ленька.

Щука покосилась на Леньку, и он отскочил. Казалось, щука прохрипела: «Ну погоди, дурак, я тебе оторву уши!»

— Голубушка! — воскликнул старик и еще ниже наклонился над щукой.

Щука примерилась, мигнула глазом и со всего размаху ударила старика хвостом по щеке. Над сонной водой раздался оглушительный треск оплеухи. Пенсне полетело в реку. Щука подскочила и тяжело шлепнулась в воду.

— Увы! — крикнул старик, но было уже поздно.

В стороне приплясывал Ленька и кричал нахальным голосом:

— Ага! Получили! Не ловите, не ловите, не ловите, когда не умеете!

В тот же день старик смотал свои спиннинги и уехал в Москву. И никто больше не нарушал тишину протоков и рек, не обрывал блесной холодные речные лилии и не восторгался вслух тем, чем лучше всего восторгаться без слов.

Рыба в кляре

Для кляра — 200 г муки, 4 желтка, $1/2$ стакана сливок или молока, 4 взбитых белка, соль, сахар, черный молотый перец по вкусу.

Любая рыба, приготовленная в кляре, становится сочной, ароматной и аппетитной. Рыбу очистить, вымыть, отделить филе от костей. Крупные куски нарезать, а мелкую рыбу можно оставить целиком. Куски филе наколоть на вилку, обмакнуть в кляр, причем он должен быть достаточно густым и хорошо обволакивать продукт.

Обжарить с обеих сторон в сильно разогретом жире до образования золотистой корочки.

Подавать блюдо горячим, с овощами, картофельным пюре, зеленью. Филе рыбы, жир кулинарный или растительное масло для жаренья.

А. И. Куприн. «Гранатовый браслет»

— Будет сестра Васи и, кажется, профессор Спеш-ников. Я вчера, Анненька, просто голову поте-ряла. Ты знаешь, что они оба любят поку-шать — и дедушка и профессор. Но ни здесь, ни в городе — ничего не достанешь ни за какие деньги. Лука отыскал где-то перепелов — заказал знакомому охотнику — и что-то мудрит над ними. Ростбиф достали сравнительно не-дурной — увы! — неизбежный ростбиф. Очень хорошие раки.

— Ну что ж, не так уж дурно. Ты не тревожься. Впрочем, между нами, у тебя у самой есть слабость вкусно поесть.

— Но будет и кое-что редкое. Сегодня утром рыбак при-нес морского петуха. Я сама видела. Прямо какое-то чудови-ще. Даже страшно.

Анна, до жадности любопытная ко всему, что ее касалось и что не касалось, сейчас же потребовала, чтобы ей принесли показать морского петуха.

Пришел высокий, бритый, желтолицый повар Лука с большой продолговатой белой лоханью, которую он с трудом, осторожно держал за ушки, боясь расплескать воду на паркет.

— Двенадцать с половиною фунтов, ваше сиятельство, — сказал он с особенной поварской гордостью. — Мы давеча взвешивали.

Рыба была слишком велика для лоханки и лежала на дне, завернув хвост. Ее чешуя отливала золотом, плавники были ярко-красного цвета, а от громадной хищной морды шли в стороны два нежно-голубых складчатых, как веер, длинных крыла. Морской петух был еще жив и усиленно работал жабрами.

Младшая сестра осторожно дотронулась мизинцем до головы рыбы. Но петух неожиданно всплеснул хвостом, и Анна с визгом отдернула руку.

— Не извольте беспокоиться, ваше сиятельство, все в лучшем виде устроим, — сказал повар, очевидно, понимавший тревогу Анны. — Сейчас болгарин принес две дыни. Ананасные. На манер вроде как канталупы, но только запах куда ароматнее. И еще осмелюсь спросить ваше сиятельство, какой соус прикажете подавать к петуху: тартар или польский, а то можно просто сухари в масле?

— Делай как знаешь. Ступай! — приказала княгиня.

Рыба под белым маринадом

На 100 г рыбы: масло растительное — 5 г, мука — 5 г, маринад —75 г, лук зеленый — 10 г, перец, соль.
Для приготовления маринада: морковь — 250 г, лук репчатый — 120 г, петрушка — 30 г, масло растительное — 50 г, уксус 3%-ный — 250 г, сахар — 20 г, крахмал —10 г.
Для русской кухни более характерны белые маринады, но в последние годы получили распространение и красные — с томатом.
Рыбу очистить и подготовить. Филе судака, скумбрии нарезать на куски, корюшку, сардины, салаку целиком посолить, поперчить, запанировать в муке и поджарить на растительном масле. Охладить и уложить рыбу в керамическую или другую посуду.

Морковь, корень петрушки, лук репчатый нарезать колечками или соломкой, овощи спассеровать на растительном масле, можно припустить (отварить в небольшом количестве воды или бульона) до полного размягчения. Уксус развести рыбным бульоном или водой, добавить соль, сахар, перец, гвоздику, лавровый лист, прокипятить, процедить, положить овощи, прокипятить. Залить рыбу.

П. Мельников-Печерский. «В лесах»

Новая перемена явилась на стол — блюда рассольные. Тут опять явились стерляди разварные с солеными огурцами да морковью, кроме того, поставлены были осетрина холодная с хреном, да белужья тешка с квасом и капустой, тавранчук осетрий, щука под чесноком и хреном, нельма с солеными подновскими огурцами, а постнику грибы разварные с хреном, да тертый горох с ореховым маслом, да каша соковая с маковым маслом.

За рассольной переменой были поданы жареная осетрина, лещи, начиненные грибами, и непомерной величины караси. Затем сладкий пирог с вареньем, левашники, оладьи с сотовым медом, сладкие кисели, киевское варенье, ржевская пастила и отваренные в патоке дыни, арбузы, груши и яблоки.

Такой обед закатил отец Михаил... А приготовлено все было хоть бы Никитишне впору. А наливки одна другой лучше: и вишневка, и ананасная, и поляниковка, и морошка, и царица всех наливок благовонная сибирская облепиха! А какое пиво монастырское, какие меда ставленные — чудо! Таково было «учреждение» гостям в Красноярском скиту.

Насилу перетащились от стола до постелей, Патап Максимыч как завел глаза, так и пустил храп и свист на всю гостиницу. Отец Михей да отец Спиридоний едва в силу убрались по кельям, воссылая хвалу Создателю за дарование гостя, ради которого разрешили они надокучившее сухоядение, сменили гороховую лапшу на диковинные стерляди и другие лакомые яства. Отец Михаил, угощая других, и себя не забывал. Не пошел он к себе в келью, а, кой-как дотащившись до постели паломника, заснул богатырским сном, поохав перед тем маленько и сотворив не один раз молитву: «Согреших перед тобою, Господи, чревоугодьем, пианственного пития вкушением, объедением, невоздержанием...»

Скумбрия, припущенная в рассоле

На 120 г рыбы: огуречный рассол — 25 г,
виноградное белое вино — 10 г, огурцы соленые — 25 г,
грибы — 15 г, гарнир — 150 г, соус — 50 г, зелень — 5 г.
Филе скумбрии нарезать на куски, припустить их
в бульоне, добавив шампиньоны или белые грибы,
огуречный рассол, виноградное сухое белое вино.
Соленые огурцы очистить от кожицы, мелкие разрезать
пополам, а крупные — на 4 части, удалить семена, нарезать
огурцы на ломтики или дольки и припустить.
Готовую рыбу положить на тарелку, а на нее огурцы
и грибы, полить соусом, в котором припускалась рыба,
посыпать измельченной зеленью петрушки или укропом.
Гарнир — отварной картофель. Так же можно приготовить
треску, морского окуня, ледяную рыбу и др.

Корюшка жареная

Корюшку очистить, удалить внутренности. Посолить, примерно на час, затем обмакнуть во взбитое яйцо с добавлением небольшого количества воды, обвалять в муке, обжарить в раскаленном растительном масле. Подавать с салатом из свежих овощей.

На 10 штук корюшки: 2 яйца, 2—3 ст. л. муки, соль, растительное масло для жаренья (из расчета на 1 порцию).

П. Мельников-Печерский. «В лесах»

— Ауж сколько забот да хлопот о потребах монастырских, и рассказать всего невозможно. И о пище-то попекись, и о питии, об одежде и обуви, и о монастырском строении, и о конях, и о скотном дворе, обо всем... А братией-то править, думаешь, легкое дело?.. О-ох, любезненький ты мой, как бы знал ты нашу монастырскую жизнь... Грехи, грехи наши!.. Потчуй и ты, отец Спиридоний!.. Да что же ушицу-то, ушицу?.. Отец Михей, давай скорее, торопи на поварне-то, гости, мол, ужинать хотят.

Минут через пять казначей воротился, и за ним принесли уху из свежей рыбы, паровую севрюгу, осетрину с хреном и кислую капусту с квасом и свежепросольной белужиной. Ужин, пожалуй, хоть не у старца в келье великим постом.

И старцы, и гости, кроме паломника, все согрешили — оскоромились. И вина разрешили во утешение довольно. Кончив трапезу, отец Михей да отец Спиридоний начали носом окуней ловить. Сильно разбирала их дремота.

— Ты бы, отче, благословил отцам-то успокоиться, смотри, глаза-то у них совсем слипаются, — молвил Стуколов, быстро взглянув на игумена.

— Ин подите в самом деле, отцы, успокойтесь, Бог благословит, — молвил игумен.

Положив уставные поклоны и простившись с игуменом и гостями, пошли отцы вон из кельи. Только что удалились они, Стуколов из леса свел речь. Словоохотливый игумен рассказывал, какое в них всему изобилие: и грибов-то как много, и ягод-то всяких, помянул и про дрова и про лыки, а потом тихонько, вкрадчивым голосом молвил:

— А посмотрел бы ты, касатик мой, Патап Максимыч, что в недрах-то земных сокрыто, отдал бы похвалу нашим палестинам.

Осетрина, севрюга, белуга, запеченные с грибами и луком

На 1 порцию: рыба — 150 г, масло топленое — 8 г, масло сливочное — 7 г, помидоры — 110 г, сыр — 6 г, соус — 150 г.
На сковороду налить немного лукового соуса с грибами, положить припущенную рыбу, на нее — половинки поджаренного помидора, залить все этим же соусом, посыпать сыром, сбрызнуть маслом и запечь.

Треска с картофелем и луком

На 750 г рыбы: 2 головки лука, 800 г картофеля, 300 г помидоров, 1 ст. л. уксуса, 4 ст. л. масла.
Очищенный, промытый и нарезанный тонкими ломтиками лук слегка поджарить в масле на сковороде.

На эту же сковороду положить подготовленные и посоленные куски рыбы, покрыть ломтиками помидоров, подлить 3—4 ст. л. воды, посыпать помидоры солью и перцем и уложить вокруг рыбы кружочки жареного картофеля. Сверху полить маслом, накрыть сковороду крышкой и поставить в духовку на 20—30 минут.

При подаче на стол посыпать мелко нарезанной зеленью петрушки и полить уксусом.

Таким же способом готовят камбалу, щуку, усача, угря.

М. А. Булгаков. «Мастер и Маргарита»

Весь нижний этаж теткиного дома был занят рестораном, и каким рестораном! По справедливости он считался самым лучшим в Москве. И не только потому, что размещался он в двух больших залах со сводчатыми потолками, расписанными лиловыми лошадьми с ассирийскими гривами, не только потому, что на каждом столике помещалась лампа, накрытая шалью, не только потому, что туда не мог проникнуть первый попавшийся человек с улицы, а еще и потому, что качеством своей провизии Грибоедов бил любой ресторан в Москве, как хотел, и что эту провизию отпускали по самой сходной, отнюдь не обременительной цене.

Поэтому нет ничего удивительного в таком хотя бы разговоре, который однажды слышал автор этих правдивейших строк у чугунной решетки Грибоедова:

— Ты где сегодня ужинаешь, Амвросий?

— Что за вопрос, конечно, здесь, дорогой Фока! Арчибальд Арчибальдович шепнул мне сегодня, что будут порционные судачки а-натюрель. Виртуозная штучка!

— Умеешь ты жить, Амвросий! — со вздохом отвечал тощий, запущенный, с карбункулом на шее Фока румяногубому гиганту, золотистоволосому, пышнощекому Амвросию-поэту.

— Никакого уменья особенного у меня нету, — возражал Амвросий, — а обыкновенное желание жить по-человечески. Ты хочешь сказать, Фока, что судачки можно встретить и в «Колизее». Но в «Колизее» порция судачков стоит тридцать рублей пятнадцать копеек, а у нас — пять пятьдесят! Кроме того, в «Колизее» судачки третьедневочные, и, кроме того, еще у тебя нет гарантии, что ты не получишь в «Колизее» виноградной кистью по морде от первого попавшего молодого человека, ворвавшегося с Театрального проезда. Нет, я категорически против «Колизея», — гремел на весь бульвар гастроном Амвросий. — Не уговаривай меня, Фока!

— Я не уговариваю тебя, Амвросий, — пищал Фока. — Дома можно поужинать.

— Слуга покорный, — трубил Амвросий, — представляю себе твою жену, пытающуюся соорудить в кастрюльке в общей кухне дома порционные судачки а-натюрель! Ги-ги-ги!.. Оревуар, Фока! — И, напевая, Амвросий устремлялся к веранде под тентом.

Эх-хо-хо... Да, было, было!.. Помнят московские старожилы знаменитого Грибоедова! Что отварные порционные судачки! Дешевка это, милый Амвросий! А стерлядь, стерлядь в серебристой кастрюльке, стерлядь кусками, переложенными раковыми шейками и свежей икрой? А яйца-кокотт с шампиньоновым пюре в чашечках? А филейчики из дроздов вам не нравились? С трюфелями? Перепела по-генуэзски? Десять с полтиной! Да джаз, да вежливая услуга! А в июле, когда вся семья на даче, а вас неотложные литературные дела держат в городе, — на веранде, в тени вьющегося винограда, в золотом пятне на чистейшей скатерти тарелочка супа-прентаньер? Помните, Амвросий? Ну что же спрашивать! По губам вашим вижу, что помните. Что ваши сижки, судачки! А дупеля, гаршнепы, бекасы, вальдшнепы по сезону, перепела, кулики? Шипящий в горле нарзан?! Но довольно, ты отвлекаешься, читатель! За мной!..

Рыба, запеченная по-московски

600 г филе любой рыбы нарезают кусками, посыпают солью, перцем, панируют в муке и жарят на растительном масле. Картофель (300 г) нарезают кружками и жарят также в растительном масле. Маленькую сковородку смазывают маслом, кладут в середину жареную рыбу, а вокруг жареный картофель. Сверху кладут жареный лук, ломтики сваренного вкрутую яйца, ломтики вареных грибов. Все это заливают сметаной, тертым сыром и запекают в духовом шкафу до образования румяной корочки.

Рыба в манной крупе

Рыбу разделать на куски, обвалять в манной крупе, смешанной с небольшим количеством соли и перца. Обжарить на сильном огне 3—5 минут.
На дно посуды выложить нарезанный отварной картофель (можно с пассерованным луком), сверху положить рыбу, добавить кипящей воды и на 5—6 минут поставить в духовку.
Подавая на стол, блюдо посыпать свежей зеленью.

Рыба со взваром

Отварить бульон из голов, плавников, костей рыбы. Дать настояться, процедить. В отваре сварить филе рыбы с корнем петрушки, луком, огуречным рассолом (можно с кожицей соленых огурцов), перцем, лавровым листом. Припустить рыбу под крышкой до готовности, снимая пену. Вынуть филе рыбы. Бульон процедить.

Прогреть на сковороде муку, развести рыбным бульоном, добавить нарезанные кубиками, очищенные от семян и кожицы соленые огурцы.

Этим соусом обильно полить филейные куски рыбы.

И. Ильф и Е. Петров. «Золотой теленок»

Иван Осипович страшно разволновался. Узнав об окончательном отказе от спиртного, он чуть не заболел, но оставить Европу без обеда не решился. Представленную им смету сильно урезали, и старик, шепча себе под нос: «Накормлю и умру» — добавил шестьдесят рублей из своих сбережений. В день обеда Иван Осипович пришел в нафталиновом фраке. Покуда шел митинг, он нервничал, поглядывал на солнце и покрикивал на кочевников, которые просто из любопытства пытались въехать в столовую верхом. Старик замахивался на них салфеткой и дребезжал:

— Отойди, Мамай, не видишь, что делается! Ах, Господи! Соус пикан перестоится. И консоме с пашотом не готово!

На столе уже стояла закуска. Все было сервировано чрезвычайно красиво и с большим умением. Торчком стояли твердые салфетки, на стеклянных тарелочках во льду лежало масло, скрученное в бутоны, селедки держали во рту серсо из лука или маслины, были цветы, и даже обыкновенный серый хлеб выглядел весьма презентабельно.

Наконец гости явились за стол. Все были запылены, красны от жары и очень голодны. Никто не походил на принца Вюртембергского. Иван Осипович вдруг почувствовал приближение беды.

— Прошу у гостей извинения, — сказал он искательно, — еще пять минуточек, и начнем обедать! Личная у меня к вам просьба — не трогайте ничего на столе до обеда, чтоб все было как полагается.

На минуту он убежал в кухню, светски пританцовывая, а когда вернулся назад, неся на блюде какую-то парадную рыбу, то увидел страшную сцену разграбления стола. Это до такой степени не походило на разработанный Иваном Осиповичем церемониал принятия пищи, что он остановился. Англичанин с теннисной талией беззаботно ел хлеб с маслом, а Гейнрих, перегнувшись через стол, вытаскивал пальцами маслину из селедочного рта. На столе все смешалось. Гости, удовлетворявшие первый голод, весело обменивались впечатлениями.

— Это что такое? — спросил старик упавшим голосом.

— Где же суп, папаша? — закричал Гейнрих с набитым ртом.

Иван Осипович ничего не ответил. Он только махнул салфеткой и пошел прочь. Дальнейшие заботы он бросил на своих подчиненных.

Судак в тесте

На 1 кг рыбного филе — 20 г соли, 50 г муки,
200 г жира для жаренья.

Для теста: 200 г муки, 3 яйца, 200 г пива,
50 г растительного масла, 5 г соли.

Приготовление теста: желтки смешать с пивом и солью, добавить муку и замесить тесто, в него ввести взбитые в стойкую пену белки и осторожно перемешать сверху вниз. Куски рыбы посолить, обвалять в муке, обмакнуть в тесто и обжарить во фритюре.

Рыба по-сурски

Рыбное филе (300 г) пропустить через мясорубку с предварительно намоченной в молоке булкой (100 г). Приготовить картофельное пюре (300 г).

Рыбный фарш и картофельное пюре тщательно смешать, смазать яично-молочной смесью, запанировать в сухарной крошке и жарить в большом количестве масла.

Подавать на стол по 2—3 штуки на порцию.

И.С. Шмелев. «Лето Господне»

Стол огромный. Чего только нет на нем! Рыбы, рыбы... икорницы в хрустале, во льду, сиги в петрушке, красная семга, лососина, белорыбица-жемчужница, с зелеными глазками огурца, глыбы паюсной, глыбы сыру, хрящ осетровый в уксусе, фарфоровые вазы со сметаной, в которой торчком ложки, розовые масленки с золотистым кипящим маслом на конфорках, графинчики, бутылки... Черные сюртуки, белые и палевые шали, «головки», кружевные наколочки...

Несут блины, под покровом.

— Ваше преосвященство!..

Архиерей сухощавый, строгий, — как говорится, постный. Кушает мало, скромно. Протодиакон — против него, громаден, страшен. Я вижу с уголка, как раскрывается его рот до зева и наваленные блины, серые от икры текучей, льются в протодиакона стопами. Плывет к нему сиг и отплывает с разрытым боком. Льется масло в икру, в сметану. Льется по редкой бородке протодиакона, по мягким губам, малиновым.

— Ваше преосвященство... а расстегайчика-то к ушице!..

— Ах мы, чревоугодники... Воистину, удивительный расстегай!.. — слышится в тишине, как шелест, с померкших губ.

— Самые знаменитые, гаранькинские расстегаи, ваше преосвященство, на всю Москву-с!..

— Слышал, слышал... Наградит же Господь талантом для нашего искушения!.. Уди-ви-тельный расстегай...

И. Ильф и Е. Петров. «Золотой теленок»

В этот день Бог послал Александру Яковлевичу на обед бутылку зубровки, домашние грибки, форшмак из селедки, украинский борщ с мясом первого сорта, курицу с рисом и компот из сушеных яблок.

— Сашхен, — сказал Александр Яковлевич, — познакомься с товарищем из губпожара.

Остап артистически раскланялся с хозяйкой дома и объявил ей такой длиннющий и двусмысленный комплимент, что даже не смог довести его до конца. Сашхен — рослая дама, миловидность которой была несколько обезображена николаевскими полубакенбардами, тихо засмеялась и выпила с мужчинами.

— Пью за ваше коммунальное хозяйство! — воскликнул Остап.

Обед прошел весело, и только за компотом Остап вспомнил о цели своего посещения.

В. А. Гиляровский.
«Москва и москвичи»

Начали по первоначалу «под селедочку».
— Для рифмы, как говаривал И.Ф. Горбунов: водка — селедка.

Сельдь по-русски

На 50 г сельди (кильки): лук репчатый — 30 г,
масло растительное — 10 г, уксус 3%-ный — 10 г.
Очищенную сельдь нарезать, уложить в селедочницу,
посыпать луком, нарезанным колечками,
полить маслом и уксусом.
Отварной горячий картофель подать отдельно.

Очищенную сельдь уложить в селедочницу,
полить уксусом и частью масла.
Репчатый лук мелко нашинковать,
обжарить на растительном масле.
На тарелку положить горячий отварной картофель
и полить маслом с жареным луком.
Так же готовят кильку по-русски.

Сельдь в сметане

На 200 г сельди — 2 луковицы, 1 яблоко,
1 стакан сметаны, 0,5 л молока, 1 ч. л. зелени петрушки,
соль, сахар, уксус по вкусу.
Очистить сельдь, освободить от костей,
залить молоком на 3—4 часа.
Затем обсушить сельдь, соединить половинки,
нарезать поперек.
Лук мелко порезать, яблоко натереть на крупной терке.
Соединить все со сметаной, добавить уксус,
сахар и соль по вкусу.
Хорошо размешать и залить этой смесью сельдь,
положенную в глубокий салатник.

Селедка с гарниром

Вымочить в молоке три селедки, потом вымыть их
хорошенько, выбрать все кости, осторожно распластав
каждую селедку, чтобы она не потеряла своего вида,
затем сложить ее как следует, приложить на место голову
и хвостик; обложить с одной стороны нарезанными
кружками или мелко нарубленным вареным картофелем
и свеклой, а с другой — зеленым рубленым луком
и свежими огурцами.
Если случатся молоки, то их хорошенько растереть
со сливочным маслом, выложить на особую тарелку,
обровнять, нарезать небольшими кусочками и уложить
кругом селедки.
Потом сделать следующую подливку: взять одну ложку
горчицы, половину чайной ложки сахару, две столовые
ложки растительного масла, хорошенько все смешать
и протереть, приливая понемногу уксусу,
и облить селедку этой подливкой.

П. Мельников-Печерский. «В лесах»

Отец гостиник не заставил себя уговаривать. Беспрекословно исполнил он желание отца игумна.

Выпили по чашке чаю, налили по другой. Перед второй выпили и закусили принесенными отцом Михеем рыбными снедями. И что это были за снеди! Только в скитах и можно такими полакомиться. Мешечная осетровая икра точно из черных перлов была сделана, так и блестит жиром, а зернистая троечная, как сливки, — сама во рту тает, балык величины непомерной, жирный, сочный, такой, что самому донскому архиерею не часто на стол подают, а белорыбица, присланная из Елабуги, бела и глянцевита, как атлас. Хорошо едят скитские старцы, а лучше того угощают нужного человека, коли Бог в обитель его принесет. Медной копейки не тратит обитель на эти «утешения» — все усердное деяние христолюбцев.

Лососина или форель заливная (целой рыбой)

120 г лососины, 100 г гарнира овощного в корзиночках, 50 г желе, $1/_5$ лимона, 30 г майонеза, зелень.

Некрупную лососину или крупную форель обработать так, чтобы брюшко не было разрезано.

Подготовленную рыбу (в целом виде с головой) перевязать в нескольких местах неширокими лентами марли, положить брюшком на решетку, привязать в двух местах и установить решетку в рыбный котел. Залить рыбу охлажденным пряным отваром и медленно нагревать до кипения, после чего рыбу доварить при температуре, близкой к кипению. Охладить рыбу в отваре, снять марлю, осушить и удалить кожу, надрезать рыбу с обеих сторон

тонким острым ножом, учитывая количество порций.
Украсить рыбу яичными белками, листиками петрушки,
кусочками маслин или трюфелей и др., прикрепив гарнир
при помощи желе (окуная каждую частицу гарнира
в желе). После этого рыбу покрыть при помощи бумажной
трубочки тонким слоем полузастывшего желе и поставить
в холодильник.

На блюдо налить прозрачное крепкое желе (при этом
учитывать вес тушки рыбы) и, когда оно застынет, уложить
рыбу на середину блюда. Вокруг рыбы сделать узкий рант
из мелко нарубленного желе, пользуясь бумажной трубочкой.
Гарнировать рыбу овощами, зеленью, корзиночками из
слойки с рубленым желе. В спинку рыбы воткнуть клешни
крупных раков с кусочками лимона или шпажку
с фигурками из овощей. Отдельно подать соус майонез.

Белорыбица или белужина отварная

Очистить 1,5 кг рыбы, опустить в небольшое количество
бульона, сваренного из петрушки, сельдерея, порея,
3 луковиц, 1—2 штук лаврового листа, 5—10 штук черного
перца горошком, нарезать ровными ломтиками, обложить
отварным картофелем и зеленью.

В. А. Гиляровский. «Москва и москвичи»

Стерляжья уха; двухаршинные осетры; белуга в рассоле; «банкетная» телятина; белая, как сливки, индюшка, откормленная грецкими орехами; «пополамные расстегаи» из стерляди и налимьих печенок; поросенок с хреном; поросенок с кашей. Поросята на «вторничные» обеды в Купеческом клубе покупались за огромную цену у Тестова, такие же, какие он подавал в своем знаменитом трактире. Он откармливал их сам на своей даче, в особых кормушках, в которых ноги поросенка перегораживались решеткой: «чтобы он с жирку не сбрыкнул!» — объяснял Иван Яковлевич.

Балык белорыбий или осетровый

75 г балыка, 1/6 лимона, зелень.
Балык, зачищенный и нарезанный наискось так, чтобы куски были широкие, уложить на блюдо или тарелку, сбоку положить лимон, зелень петрушки.

И.С. Шмелев. «Лето Господне»

На кухне Марьюшка разбирает большой кулек, из Охотного ряда привезли. Раскапывает засыпанных снежком судаков с пылкого мороза, белопузых, укладывает в снег, в ящик. Судаки крепкие, как камень, — постукивают даже, хвосты у них ломкие, как лучинки, искрятся на огне, — морозные судаки, седые. Рано судак пошел, ранняя-то зима. А под судаками, вся снежная, навага! — сизые спинки, в инее. Все радостно смотрят на навагу. Я царапаю ноготком по спинке — такой холодок приятный, сладко немеют пальцы. Вспоминаю, какая она

на вкус, дольками отделяется; и «зернышки» вспоминаю: по
две штучки у ней в головке, за глазками, из перламутра словно, как огуречные семечки, в мелких-мелких иззубринках. Се-
стры их набирают себе на ожерелья — будто как белые корал-
лы. Горкин наважку уважает, — кру-уп-ная-то какая нонче! —
слаще и рыбки нет. Теперь уж не сдаст зима. Уж коли к Филиповкам навага — пришла настоящая зима. Навагу везут в
Москву с далекого Беломорья, от Соловецких Угодников,
рыбка самая нежная, — Горкин говорит — «снежная»; оттепе-
лью чуть тронет — не та наважка: и потемнеет, и вкуса такого нет, как с пылкого мороза. С Беломорья пошла навага —
значит, и зима двинулась: там ведь она живет.

Осетрина, белуга и севрюга холодные

Свежую или малосольную рыбу кладут в кипяченую воду
или бульон; когда поспеет, дают остыть, режут ровными
ломтиками и подают отдельно к ней тертый хрен
или горчицу, уксус и растительное масло, соль.
К хрену прибавить, кто любит, сахару.

Горбуша, соленная по-домашнему

На 1 кг горбуши 2 ст. л. соли, 1 ст. л. сахара.
Свежую рыбу выпотрошить, вычистить, насухо обтереть
салфеткой, основательно посолить внутри, обсыпать солью
всю тушку снаружи и очень туго, плотно завернуть в
увлажненную х/б салфетку, туго «запеленать» в полотенце,
затем положить в полиэтиленовый пакет, сверху завернуть
плотной крафт-бумагой и поместить в морозильник.
Созревание горбуши длится 3—4 недели. Горбуша,
соленная по-домашнему, — настоящий деликатес.

Стерлядь заливная

125 г стерляди, 150 г мелкой рыбы, 3 г желатина,
15 г икры паюсной, 15 г лука репчатого, 2 раковые шейки,
15 г зернистой икры, 30 г соуса, хрен с уксусом.
Обработанную стерлядь нарезать на порционные
куски и сварить в предварительно подготовленном
рыбном бульоне из мелкой рыбы.

Готовые куски стерляди зачистить от хрящей и хранить в холодильнике. Бульон процедить, довести до кипения, добавить размоченный желатин (12—15 г на 1 л бульона) и осветлить оттяжкой из икры. Прозрачное процеженное желе должно напоминать по виду и вкусу уху.

Желе слегка охладить и налить в салатник слоем 1—1,5 см. На застывший слой желе положить куски стерляди, загарнировать их раковыми шейками, зернистой икрой и постепенно заливать желе.

При подаче салатник со стерлядью можно поставить в другой салатник с измельченным льдом.

Отдельно подать соус хрен с уксусом.

Так же можно приготовить судака, налима или ершей.

Отварная рыба холодная

Для холодных блюд рыбу с костным скелетом варят обычно нарезанной на куски, а осетровую (с хрящевым скелетом) — целиком, или звеньями, или крупными кусками, а затем охлаждают и нарезают.

Отварную треску, судака, щуку и другую частиковую рыбу по народной традиции подавали с хреном, разведенным уксусом, или с чесночной заправкой. У щуки особенно ценилась голова. Щучьи головы под чесноком были одной из любимых праздничных закусок. Подавали отварную рыбу без всякого гарнира, много позже стали подавать к ней отварной картофель с растительным маслом.

Onondaga County Public Library
Syracuse, New York

Каши

*В. А. Гиляровский.
«Москва и москвичи»*

За кашей, всегда гречневой, с топленым салом, а в постные дни с постным маслом, дело шло веселей: тут уже не зевай, а то ложкой едва возьмешь, она уже по дну чашки стучит.

Петербургская знать во главе с великими князьями специально приезжала из Петербурга съесть тестовского поросенка, раковый суп с расстегаями и знаменитую гурьевскую кашу, которая, кстати сказать, ничего общего с Гурьинским трактиром не имела, а была придумана каким-то мифическим Гурьевым.

Рассыпчатая гречневая каша

Стакан гречневой крупы прожарьте на сковороде до тех пор, пока она не подрумянится.

Налейте в кастрюлю (лучше использовать казанок с выпуклым дном) с плотной крышкой ровно два стакана воды, добавьте соль и поставьте на огонь.

Когда вода закипит, всыпьте в нее каленую гречневую крупу, накройте крышкой. Крышку нельзя снимать до полного приготовления каши.

И. Ильф и Е. Петров. «Двенадцать стульев»

О бед был готов. Запах подгоревшей каши заметно усилился и перебил все остальные кислые запахи, обитавшие в доме. В коридорах зашелестело. Старухи, неся впереди себя в обеих руках жестяные мисочки с кашей, осторожно выходили из кухни и садились обедать за общий стол, стараясь не глядеть на развешанные в столовой лозунги, сочиненные лично Александром Яковлевичем и художественно выполненные Александрой Яковлевной. Лозунги были такие:

«Пища — источник здоровья», «Одно яйцо содержит столько же жиров, сколько $1/2$ фунта мяса», «Тщательно пережевывая пищу, ты помогаешь обществу» и «Мясо — вредно».

Н. В. Гоголь. «Старосветские помещики»

— Чего же бы теперь, Афанасий Иванович, закусить? Разве коржиков с салом, или пирожков с маком, или, может быть, рыжиков соленых?

— Пожалуй, хоть и рыжиков или пирожков, — отвечал Афанасий Иванович, и на столе вдруг появлялась скатерть с пирожками и рыжиками.

За час до обеда Афанасий Иванович закушивал снова, выпивал старинную серебряную чарку водки, заедал грибками, разными сушеными рыбками и прочим. Обедать садились в двенадцать часов. Кроме блюд и соусников, на столе стояло множество горшочков с замазанными крышками, чтобы не могло выдохнуться какое-нибудь аппетитное изделие старинной вкусной кухни. За обедом обыкновенно шел разговор о предметах, самых близких к обеду.

— Мне кажется, как будто эта каша, — говаривал обыкновенно Афанасий Иванович, — немного пригорела; вам этого не кажется, Пульхерия Ивановна?

— Нет, Афанасий Иванович; вы положите побольше масла, тогда она не будет казаться пригорелою, или вот возьмите этого соусу с грибками и подлейте к ней.

— Пожалуй, — говорил Афанасий Иванович, подставляя свою тарелку, — попробуем, как оно будет.

После обеда Афанасий Иванович шел отдохнуть один часик, после чего Пульхерия Ивановна приносила разрезанный арбуз и говорила:

— Вот попробуйте, Афанасий Иванович, какой хороший арбуз.

— Да вы не верьте, Пульхерия Ивановна, что он красный в середине, — говорил Афанасий Иванович, принимая порядочный ломоть, — бывает, что и красный, да нехороший.

Но арбуз немедленно исчезал. После этого Афанасий Иванович съедал еще несколько груш и отправлялся погулять по саду вместе с Пульхерией Ивановной.

Каша перловая рассыпчатая

1 стакан перловой крупы, 3 стакана воды,
50 г сливочного масла или сала, соль.

Крупу перебрать, промыть, залить горячей подсоленной водой, добавить жир, хорошо перемешать, закрыть крышкой и варить в духовке, чтобы каша хорошо упрела, а вода полностью впиталась в крупу, после чего кашу вновь перемешать.

Сваренная таким образом каша получается рассыпчатой, не пригорает и не высыхает.

Подавать кашу с молоком или со шкварками с луком.

Крупеник из гречневой каши

На 1 стакан гречневой крупы — 200 г творога,
$1/_2$ стакана сметаны, 2 яйца, 2 ст. л. сахара,
$1/_2$ ч. л. соли и 2 ст. л. масла.

В горячую или холодную рассыпчатую гречневую кашу положить творог, протертый сквозь сито или пропущенный через мясорубку, сметану, яйца, сахар и посолить.

Всю эту массу хорошо перемешать, выложить на противень или сковороду, предварительно смазанную маслом и посыпанную сухарями, разровнять, сверху смазать сметаной и поставить в горячую духовку на 30—40 минут.

Перед подачей на стол полить крупеник растопленным маслом. При желании можно масло заменить сметаной.

Н. В. Гоголь. «Тарас Бульба»

Путешественники, остановившись среди полей, избирали ночлег, раскладывали огонь и ставили на него котел, в котором варили себе кулиш; пар отделялся и косвенно дымился на воздухе.

Кутья гороховая
Отварить зерна пшеницы и гороха, растереть, прибавить растительное масло. Подавать охлажденной.

В. А. Гиляровский. «Москва и москвичи»

Еще за кутьей, этим поминовенным кушаньем, состоявшим из холодного риса с изюмом, и за блинами со свежей икрой, которую лакеи накладывали полными ложками на тарелки, слышался непрерывный топот вместе с постукиванием ножей. Если закрыть глаза, представлялось, что сидишь в конюшне с деревянным полом. Это гости согревали ноги.

Кутья пшеничная

Целые зерна лущеной пшеницы (можно пшеничной крупы) залить холодной водой, варить до размягчения и откинуть на дуршлаг. Мед (200 г) развести четырьмя стаканами воды, залить пшеницу, поставить на слабый огонь, довести до кипения и охладить.

И.С. Шмелев. «Лето Господне»

А жареная гречневая каша с луком, запить кваском! А постные пирожки с груздями, а гречневые блины с луком по субботам... а кутья с мармеладом в первую субботу, какое-то «коливо»! А миндальное молоко с белым киселем, а киселек клюквенный с ванилью, а... великая кулебяка на Благовещение, с вязигой, с осетринкой! А калья, необыкновенная калья, с кусочками голубой икры, с маринованными огурчиками... а моченые яблоки по воскресеньям, а талая, сладкая-сладкая «рязань»... а грешники, с конопляным маслом, с хрустящей корочкой, с теплою пустотой внутри!.. Неужели и *там,* куда все уходят из этой жизни, будет такое постное! И почему все такие скучные? Ведь все — другое, и много, так много радостного. Сегодня привезут первый лед и начнут набивать подвалы — весь двор завалят. Поедем на Постный рынок, где стон стоит, великий грибной рынок, где я никогда не был... Я начинаю прыгать от радости, но меня останавливают:

— Пост, не смей! Погоди, вот сломаешь ногу.

Гречневая каша с луком

2 стакана гречневой крупы, 2 головки репчатого лука, 3 ст. л. растительного масла, соль.

Гречку перебрать, вымыть и сушить в кастрюле с толстым дном, постоянно перемешивая, посолить и, когда крупа станет сухой и рассыпчатой, залить 3 стаканами кипятка. Накрыть крышкой и варить на самом маленьком огне, не перемешивая, а то каша не будет рассыпчатой. Поджарить на сковороде мелко нарезанный лук и положить его в готовую кашу. Дать хорошо упреть, завернув кастрюлю в газету и убрав под подушку.

Перловая или ячневая каша с грибами

1,5 стакана крупы, 1 морковь, 2 головки репчатого лука, 50 г сушеных или 400 г свежих грибов, растительное масло, соль, зелень — свежая или сушеная.

Грибы (сушеные) замочить на 2—4 часа, отварить в небольшом количестве воды, вынуть, нарезать соломкой и обжарить на сковороде в растительном масле вместе с нашинкованным луком и натертой на крупной терке морковью. Сварить вязкую крутую кашу и соединить вместе с грибами, посыпать зеленью и потомить под крышкой около 5 минут.

Оставшийся грибной отвар можно будет использовать впоследствии для приготовления соуса или супа либо второго блюда — например, потушить в отваре картофель с луком. Можно вместо перловой или ячневой крупы использовать гречку.

Рис по-монастырски

На 200 г риса — 2 головки репчатого лука, 2 ст. л. растительного масла, 2 моркови, 1 ст. л. томатной пасты, сушеная зелень сельдерея, укропа, перец черный молотый, соль.

Рис промыть в семи водах, залить кипящей водой в соотношении 1:2, варить 10 минут, откинуть на дуршлаг.

В сковороде обжарить мелко нарезанный репчатый лук
в растительном масле до золотистого цвета,
добавить отваренную, натертую на крупной терке
морковь и томат, перемешать.
Присоединить рис, приправить по вкусу пряной зеленью,
перцем и солью. Подавать блюдо горячим.

Н. В. Гоголь. «Вий»

Тогда сенат, состоявший из философов и богословов, отправлял грамматиков и риторов под предводительством одного философа — а иногда присоединялся и сам — с мешками на плечах опустошать чужие огороды. И в бурсе появлялась каша из тыкв.

Пшенная каша с тыквой

На 1,5 стакана пшена — 750 г тыквы, 3 стакана воды,
1 ч. л. соли.
Свежую тыкву очистить от кожи и зерен, мелко нарезать,
положить в кастрюлю, залить 3 стаканами воды и варить
10—15 минут. Затем всыпать промытое пшено и,
помешивая, варить еще 15—20 минут.
Загустевшую кашу накрыть крышкой и поставить
на 25—30 минут для упревания.
Пшенную кашу с тыквой можно приготовить и на молоке.

Пельмени, галушки, вареники

В. А. Гиляровский.
«Москва и москвичи»

Неизменными посетителями этого трактира были все московские сибиряки. Повар, специально выписанный Лопашовым из Сибири, делал пельмени и строганину. И вот как-то в восьмидесятых годах съехались из Сибири золотопромышленники самые крупные и обедали по-сибирски у Лопашова в этой самой «избе», а на меню стояло: «Обед в стане Ермака Тимофеевича», и в нем значились только две перемены: первое — закуска и второе — сибирские пельмени.

Никаких больше блюд не было, а пельменей на двенадцать обедавших было приготовлено 2500 штук: и мясные, и рыбные, и фруктовые в розовом шампанском... И хлебали их сибиряки деревянными ложками...

Сибирские пельмени к супу

Наскоблить ножом или мелко нарубить мягкой, очищенной от жил говядины, прибавить немного жиру, мелко изрубить 2 луковицы, положить перцу, соли, мускатного ореха и влить 1—2 ложки бульону.
Приготовить крутое тесто из полстакана холодной воды и яйца, соли и муки, раскатать его тонко, нарезать с помощью стакана кружками, положить приготовленного фаршу на середине каждого кружочка теста, концы кружочков теста защипать, сварить и положить в суп незадолго до подачи его на стол, наблюдая, чтобы тесто не разварилось.
(Из старинных рецептов)

Н. В. Гоголь. «Вий»

Весь этот ученый народ, как семинария, так и бурса, которые питали какую-то наследственную неприязнь между собою, был чрезвычайно беден на средства к прокормлению и притом необыкновенно прожорлив; так что сосчитать, сколько каждый из них уписывал за вечерею галушек, было бы совершенно невозможное дело; и потому доброхотные пожертвования зажиточных владельцев не могли быть достаточны.

Малороссийские галушки

Взять 1 кг творога, столько же муки, 3 яйца и раскатать массу руками в виде колбаски и нарезать ножом кусочки в виде клецок.
Варить в соленой воде до тех пор, пока они все не всплывут наверх.
Откинуть их на решето, дать стечь воде и уложить в широкую форму или кастрюлю, облить свежей сметаной, поставить в духовку и запечь.

Галушки из творога

Творог пропустить через мясорубку и протереть сквозь сито, отбить в творог два сырых яйца, положить сахар, 1 ст. л. растопленного масла, $1/2$ ч. л. соли и все это хорошо перемешать. Затем в полученную массу всыпать стакан просеянной муки и замесить. Творожное тесто выложить на посыпанный мукой стол и разрезать на 4 равные части, каждую часть скатать в форме тонкой колбаски, слегка приплюснуть, разрезать на небольшие косячки, которые опустить в подсоленный кипяток и варить, пока они не всплывут на поверхность.

Н. В. Гоголь. «Ночь перед Рождеством»

Кузнец не без робости отворил дверь и увидел Пацюка, сидевшего на полу по-турецки перед небольшою кадушкою, на которой стояла миска с галушками. Эта миска стояла, как нарочно, наравне с его ртом. Не подвинувшись ни одним пальцем, он наклонил слегка голову к миске и хлебал жижу, схватывая по временам зубами галушки.

«Нет, этот, — подумал Вакула про себя, — еще ленивее Чуба: тот, по крайней мере, ест ложкою, а этот и руки не хочет поднять!»

Пацюк, верно, крепко занят галушками, потому что, казалось, совсем не заметил прихода кузнеца, который, едва ступивши на порог, отвесил ему пренизкий поклон.

— Я к твоей милости пришел, Пацюк! — сказал Вакула, кланяясь снова.

Толстый Пацюк поднял голову и снова начал хлебать галушки.

Тут заметил Вакула, что ни галушек, ни кадушки перед ним не было; но вместо того на полу стояли две деревянные миски; одна была наполнена варениками, другая сметаною. Мысли его и глаза невольно устремились на эти кушанья. «Посмотрим, — говорил он сам себе, — как будет есть Пацюк вареники. Наклоняться он, верно, не захочет, чтобы хлебать, как галушки, да и нельзя: нужно вареник сперва обмакнуть в сметану».

Только что он успел это подумать, Пацюк разинул рот, поглядел на вареники и еще сильнее разинул рот. В это время вареник выплеснул из миски, шлепнулся в сметану, перевернулся на другую сторону, подскочил вверх и как раз попал ему в рот. Пацюк съел и снова разинул рот, и вареник таким же порядком отправился снова. На себя только принимал он труд жевать и проглатывать.

«Вишь какое диво!» — подумал кузнец, разинув от удивления рот, и тотчас же заметил, что вареник лезет и к нему в рот и уже вымазал губы сметаною. Оттолкнувши вареник и вытерши губы, кузнец начал размышлять о том, какие чудеса бывают на свете и до каких мудростей доводит человека нечистая сила, заметя притом, что один только Пацюк может помочь ему. «Поклонюсь ему еще, пусть растолкует хорошенько... Однако что за черт! Ведь сегодня *голодная кутья,* а он ест вареники, вареники скоромные! Что я, в самом деле, за дурак, стою тут и греха набираюсь! Назад!» — И набожный кузнец опрометью выбежал из хаты.

Вареники настоящие украинские

Замесить тесто, как обычно для пельменей.
Закрыть его и дать постоять 30—40 минут.
Затем тонко раскатать и нарезать стаканом кружки.
Творог с вечера положить под гнет и, когда тесто готово, протереть сквозь решето, прибавить 2—3 яйца и немного соли, сделать вареники и отварить.
Подавать к столу со сливочным маслом и со сметаной.

Вареники малороссийские с кислой капустой

Перебрать шинкованную кислую капусту, сложить в широкую кастрюлю, сварить до мягкости.
Когда капуста будет готова, откинуть ее на дуршлаг и остудить. Затем спассеровать на подсолнечном масле мелко нашинкованный лук, сложить сваренную и отжатую досуха капусту, размешать, положить по вкусу соль, перец, специи. Приготовить постное тесто, раскатать тонко и, вырезав небольшие кружочки, положить на каждый капусту, защипить края, опустить в соленый кипяток и, когда вареники всплывут, выбрать их дуршлаговой ложкой, полить растопленным маслом. Можно в масле поджарить для подливки мелко нашинкованный лук.

Соленья

Н. В. Гоголь.
«Старосветские помещики»

— Вот это грибки с чабрецом! Это с гвоздиками и волошскими орехами; солить их выучила меня туркеня, в то время, когда еще турки были у нас в плену. Такая была добрая туркеня, и незаметно совсем, чтобы турецкую веру исповедовала. Так совсем и ходит, почти как у нас; только свинины не ела: говорит, что у них как-то там в законе запрещено... Вот это грибки с смородинным листом и мушкатным орехом! А вот это большие травянки: я их еще в первый раз отваривала в уксусе; не знаю, каковы-то они; я узнала секрет от отца Ивана. В маленькой кадушке прежде всего нужно разостлать дубовые листья и потом посыпать перцем и селитрою и положить еще, что бывает на нечуй-витере, цвет, так этот цвет взять и хвостиками разостлать вверх. А вот это пирожки! Это пирожки

с сыром! это с урдою! А вот это те, которые Афанасий Иванович очень любит, с капустою и гречневою кашею.

— Да, — прибавлял Афанасий Иванович, — я их очень
люблю; они мягкие и немножко кисленькие.

Вообще Пульхерия Ивановна была чрезвычайно в духе,
когда бывали у них гости. Добрая старушка! Она вся была от-
дана гостям. Я любил бывать у них, и хотя объедался страш-
ным образом, как и все гостившие у них, хотя мне это было
очень вредно, однако ж я всегда бывал рад к ним ехать.

Соленые грибы

На 5 кг грибов берут 250 г соли и 0,5 л воды.
Мелкие грибы засаливают целиком, крупные режут на
кусочки. Грибы предварительно отваривают (имеющие
горький привкус — волнушки, чернушки и другие — два
раза), укладывают в бочонок, эмалированное ведро, большую
кастрюлю слоем 5—6 см, посыпают солью (лучше крупного
помола), затем снова кладут слой грибов и соли и так до
самого верха. Затем грибы заливают холодной кипяченой
водой, сверху помещают деревянный круг и гнет.

И.С. Шмелев. «Лето Господне»

— А вот лесная наша говядинка, грыб пошел!
Пахнет соленым, крепким. Как знамя великого торга постного, на высоких шестах подве-
шены вязки сушеного белого гриба. Проходим
в гомоне.

— Лопаснинские, белей снегу, чище хрусталю! Грыбной елараш, винегретные... Похлебный грыб сборный, ест протопоп соборный! Рыжики соленые-смоленые, монастырские, закусочные... Боровички можайские! Архиерейские грузди, нет сопливей!.. Лопаснинские отборные, в медовом уксусу, дамская прихоть, с мушиную головку, на зуб неловко, мельчей мелких!..

Горы гриба сушеного, всех сортов. Стоят водопойные корыта, плавает белый гриб, темный и красношляпный, в пятак и в блюдечко. Висят на жердях стенами. Шатаются парни, завешанные вязанками, пошумливают грибами, хлопают по доскам до звона: какая сушка! Завалены грибами сани, кули, корзины...

— Теперь до Устьинского пойдет — гриб и гриб! Грибами весь свет завалим. Домой пора.

Грибы соленые (горячий способ)

Горячим, или отварным, способом можно солить все трубчатые и пластинчатые грибы.

В жаркое время года вымачивать грибы с млечным соком не следует, так как эти грибы быстро закисают.

Вымачивание грибов надо заменять отвариванием.

Для засолки отварным способом подберезовики, подосиновики, маслята, моховики, козляки, опята, валуи, лисички, чернушки, свинушки, шампиньоны очистить от земли, удалить все грибы, поврежденные червоточинами, и промыть. Подготовленные грибы уложить в луженую или эмалированную кастрюлю, залить водой и поставить на огонь, не мешая до момента закипания. Когда вода закипит, грибы осторожно помешать и снять шумовкой пену. Подберезовики, маслята, подосиновики с момента кипения варить в течение 10 минут, а остальные грибы — 25 минут. Сваренные грибы откинуть на решета или грохота, уложить в чисто вымытые бочки и залить приготовленным рассолом.

После этого положить крышки с небольшим гнетом.

Приготовить рассол следующим способом: нужное количество воды довести до кипения, положить соль, лавровый лист, охладить и слить, оставив осадок в посуде.

Белые грибы соленые

Их можно заготовить весной на целое лето, а осенью на всю зиму.

Молодые боровики опустить в кипяток; когда они раз или два вскипят, откинуть их на решето, дать им обсохнуть. Затем сложить в банки шляпками вверх и пересыпать каждый слой солью. Накрыть сверху деревянным кружком, положить на него для гнета камень. Через несколько дней, если банка будет неполной, прибавить свежих грибов, залить растопленным маслом и хранить в сухом прохладном месте. Перед употреблением намочить их в холодной воде и держать в ней в течение часа.

А если они посолены давно, то держать в воде в течение суток. Потом перемыть их в нескольких водах. Грибы, приготовленные таким образом, не будут отличаться от свежих. На ведро белых грибов берется 1,5 стакана соли.

Соленые боровики

1 ведро боровиков, 2 стакана соли.

Приготовление: всыпают в кипяток 1 ведро маленьких обмытых боровиков, дают им вскипеть 2 раза, откидывают на сито и обливают холодной водой. Затем их укладывают в стеклянные банки шляпками кверху, а сверху камень. Через несколько дней грибы осядут, и тогда прибавляют еще боровики, приготовленные как сказано выше. Заполненные банки завязывают пузырем.

Перед употреблением грибы вымачивают несколько часов в воде; чем дольше они лежали в соли, тем больше надо их вымачивать.

Время приготовления: несколько дней.

Рыжики соленые

Только что собранные рыжики не мыть, но чисто вытереть, сложить в ведерко шляпками вверх, каждый ряд пересыпать солью, накрыть деревянным кружком, положить на него камень; когда они опадут, доложить свежих. В других ведерках рыжики можно пересыпать рубленым репчатым луком и перцем, что придает им вкус, но они не будут иметь такого яркого красного цвета, а потемнеют.

На одно ведро рыжиков берется 1,5 стакана соли.

Рыжики маринованные

Вытертые и очищенные рыжики сложить в банку шляпками вверх и залить горячим уксусом, вскипяченным с корицей, гвоздикой, лавровым листом, черным и душистым перцем, с сухим эстрагоном.

Маринованные белые грибы, или боровики

Очищенные и вымытые молодые боровики опустить в соленый кипяток, вскипятить 2—3 раза, откинуть на решето. Когда обсохнут, сложить в банку, залить остывшим крепким уксусом, вскипяченным с солью, лавровым листом и душистым перцем. Завязать банку. Через некоторое время, когда уксус станет мутным, слить его и залить таким же свежим.

2-й способ маринования белых грибов

Вскипятить уксус с солью, с лавровым листом и душистым перцем.
Положить в него уже уваренные в воде грибы, дать вскипеть еще два раза; когда остынут, переложить в стеклянные банки и, чтобы не портились, залить сверху растопленным маслом.

3-й способ маринования белых грибов

Вскипятить уксус с небольшим количеством соли, опустить в него молодые очищенные боровики; когда хорошо вскипят, тотчас перелить их с уксусом в эмалированную или керамическую посуду и дать им постоять в течение суток.
Затем перемыть их хорошенько в этом же уксусе, откинуть на решето и сложить в стеклянные банки шляпками вверх. Залить свежим остывшим крепким уксусом, вскипяченным с лавровым листом, душистым перцем и небольшим количеством соли.
Залить сверху прованским или растопленным русским маслом, закрыть крышкой; держать в прохладном сухом месте.

Шампиньоны соленые

Очистить шампиньоны от верхней кожицы,
крупные грибы разрезать на несколько частей
и солить их, как и прочие грибы, пересыпая каждый ряд
солью, репчатым луком и перцем.
Наполнить банку доверху, накрыть сверху кружком,
положить гнет и держать в прохладном сухом месте.
Сок должен превышать уровень грибов на два пальца.
На 1 ведро шампиньонов 2 стакана соли.

Шампиньоны маринованные

Очистить, обтереть влажной тряпочкой, вскипятить
в соленой воде, откинуть на сито; когда остынут, сложить
в банку, пересыпая гвоздикой, простым и душистым
перцем, лавровым листом и солью.
Затем залить крепким вскипяченным и остывшим уксусом,
залить сверху прованским маслом, закрыть крышкой
и поставить в сухое прохладное место.

Л.Н. Толстой. «Анна Каренина»

Кити, тотчас же поняв намерение мужа, с тем же
чувством обратилась к старухе.
— Зато ваше соленье такое, что мама говорит,
нигде такого не едала, — прибавила она, улыбаясь
и поправляя на ней косынку.

Овощное ассорти

На 3-литровую банку: 7—8 свежих огурцов, 3—5 красных
помидоров, 3—5 головок репчатого лука размером
с грецкий орех, 5 крупных долек чеснока,
1 корень сельдерея, 1 корень петрушки, 1 морковь,
3—5 сладких перцев, несколько кусочков хрена, 3 зонтика
укропа, крупные кусочки белокочанной капусты.
Маринад: 1,5 л воды, 4 ст. л. сахара, 2 ст. л. соли,
0,5 стакана 9%-ного уксуса, 2—3 шт. гвоздики, корица,
5—7 горошин черного и 2—3 горошины душистого перца,
лавровый лист.
Подготовленные овощи положить в чистую, ошпаренную
кипятком банку, плотно их укладывая, а пространство
между ними заполнить кусочками белокочанной капусты.
Залить процеженным кипящим маринадом, стерилизовать
15 минут, закатать, перевернуть банку вверх дном.
Хранить в холодном месте.

Помидоры с чесноком

На литровую банку: горсть очищенных долек чеснока,
красные, крупные, сладкие, хорошо вызревшие помидоры.
Для заливки: 2—3 полные ст. л. сахара, 1 ст. л. соли,
1 ст. л. 9%-ного уксуса на 1 л воды.
Подготовленные литровые банки заполнить нарезанными
на четвертинки помидорами. В нарезанном виде они
плотнее заполняют объем, кроме того, достигается лучший
консервирующий эффект. Помидоры пересыпать дольками
чеснока, пряности не добавлять, залить кипящей
процеженной заливкой, закрыть стерильными крышками,
стерилизовать 10 минут. Помидоры имеют острый
кисло-сладкий вкус с характерным ароматом.

Помидоры соленые в собственном соку

Дно бочки выстлать только что сорванными листьями
черной смородины и положить рядами красные помидоры,
переслаивая их листьями смородины и посыпая солью
из расчета 5% к массе плодов. Заполнив бочку плодами,
залить их протертой томатной массой.
Через 6—7 суток, по окончании брожения,
вынести бочку в холодное помещение.

Маринады

В маринованном виде можно приготовить различные фрукты, ягоды, овощи и грибы. В зимнее время года они могут служить хорошей закуской, могут быть поданы для винегретов и салатов.

Качество маринадов во многом зависит от сорта уксуса. Особенно вкусными получаются маринады, приготовленные на виноградном уксусе или на столовом, настоянном на ароматических травах. Если уксус крепкий (6%-ный), то его надо развести наполовину водой, после этого добавить соль, сахар, пряности (перец, корицу, гвоздику, мускатный орех, кориандр, лавровый лист и др.), дать прокипеть, после чего охладить. Приготовленные фрукты, ягоды или овощи укладывают в стеклянные банки и заливают подготовленным охлажденным уксусом.

Для предохранения от плесени маринад заливают тонким слоем растительного масла. Банки закрывают пергаментной бумагой и обвязывают шпагатом. Хранить маринады следует в сухом прохладном месте.

И.С. Шмелев. «Лето Господне»

От Масленицы нигде ни крошки, чтобы и духу не было. Даже заливную осетрину отдали вчера на кухню. В буфете остались самые расхожие тарелки, с бурыми пятнышками-щербинками, — великопостные. В передней стоят миски с желтыми солеными огурцами, с воткнутыми в них зонтичками укропа и с рубленой капустой, кислой, густо посыпанной анисом, — такая прелесть. Я хватаю щепотками — как хрустит! И даю себе слово не скоромиться во весь пост. Зачем скоромное, которое губит душу, если и без того все вкусно?

Огурцы консервированные

Для консервирования лучше всего использовать мелкие крепкие огурцы. Отсортированные вымытые огурцы нужно замочить в холодной воде на 6—8 часов. Затем следует подготовить пряные добавки, которые придают огурцам хрустящесть, укрепляют их структуру, а кроме того, обогащают вкус продукта и способствуют его лучшей сохранности. Такими добавками являются лист и корень хрена, лист вишни, черной смородины, лавровый лист, зелень и луковицы чеснока, жгучий перец. На дно подготовленных банок уложить пряную зелень, затем в вертикальном положении — огурцы, сверху и с внутренней стороны банок — кусочки красного острого перца, дольки чеснока, зонтики укропа. В каждую литровую банку, заполненную огурцами, залить по 1 ст. л. 9%-ного уксуса, добавить по 1 ч. л. сахара и залить до краев профильтрованным рассолом из расчета 1 ст. л. соли на 1 л воды. Банку плотно закрыть стерильной крышкой, закатать, перевернуть вверх дном, укрыть одеялом, оставить до полного охлаждения. Хранить консервированные огурцы следует в холодильнике.

Огурцы малосольные

На 20 свежих огурцов: 75—100 г соли, 20 г корня хрена или 2 листа хрена, 1,5 л воды, 20 г укропа, 2—3 зубчика чеснока.

Свежие огурцы нужно тщательно промыть, срезать кончики, положить в стеклянную банку или фарфоровый бочонок и залить доверху горячим соленым рассолом из расчета 1 ст. л. соли на 1 л воды. Слои огурцов переложить ветками укропа с зонтиками, листьями хрена или нарезанными тонкими ломтиками хрена, зубчиками чеснока. Через сутки огурцы будут готовы.

И.С. Шмелев. «Лето Господне»

На нашем дворе всю неделю готовятся: парят кадки и кадочки, кипятят воду в чугунах, для заливки посола, чтобы отстоялась и простыла, режут укроп и хрен, остропахучий эстрагоник; готовят, для отборного засола, черносмородинный и дубовый лист, для крепости и духа, — это веселая работа.

Выкатила кадушки скорнячиха; бараночник Муравлятников готовит целых четыре кадки; сапожник Сараев тоже большую кадку парит. А у нас — дым столбом, живое столпотворение. Как же можно: огурчика на целый год надо запасти, рабочего-то народу сколько! А рабочему человеку без огурчика уж никак нельзя: с огурчиком соленым и хлебца в охотку съешь, и поправиться когда нужно, опохмелиться, — первое средство для оттяжки. Кадки у нас высокие: Василь Василич на цыпочках поднимается — заглянуть; только Антон Кудрявый заглядывает прямо. Кадки дымят, как трубы: в них наливают кипяток, бросают докрасна раскаленные вязки чугунных плашек — и поднимается страшное шипенье, высокие клубы пара, как от костров. Накрывают рогожами и парят, чтобы выгнать застойный дух, плесени чтобы не было. Горкину приставляют лесенку, и он проверяет выпарку. Огурчики — дело строгое, требует чистоты.

Павел Ермолаич, огородник, пригнал огурца на семи возах: не огурец, а хрящ. Пробуют всем двором: сладкие и хрустят, как сахар. Слышно, как сочно хряпают: хряп и щелк. Ешь, не жалко. Откусят — и запустят выше дома. Горкин распоряжается:

— На чистые рогожи отбирай, робята!.. Бабочки, отмывай покрепше!..

Свободные от работы плотники, бабы из наших бань, кухарка Марьюшка, горничная Маша, Василь Василич, особенно веселый, — радостной работой заняты. Плотники одобряют крупные, желтяки. Такие и Горкин уважает, и Василь Василич, и старичок лавочник Юрцов: пеняют даже Пал Ермолаичу, что желтяков нонче маловато. А я зеленые больше уважаю, с пупырками. Нет, говорят, как можно, настоящий огурчик — с семечками который, зрелый: куда сытней, хряпнешь — будто каша!

На розовых рогожах зеленые кучи огурца, пахнет зеленой свежестью. В долгом корыте моют. Корыто — не корыто, а долгая будто лодка с перевоза. В этом корыте будут рубить капусту. Андрюшка, искусник, выбирает крупные желтяки, вываливает стамеской «мясо», манит меня идти за ним на погребицу, где темней, ставит в пустые огурцы огарки... — и что за чудесные фонарики! желто-зеленые, в разводах, — живые, сочные. Берет из песка свекольные бураки, выдалбливает стамеской, зажигает огарочки... — и что за не виданный никогда огонь! малиново-лиловый, *живой,* густо-густой и... бархатный!.. — вижу живым доселе. Доселе вижу, из дали лет, кирпичные своды, в инее, черные крынки с молоком, меловые кресты, Горкиным намеленные повсюду, — в неизъяснимом свете живых огоньков, малиновых... слышу прелостный запах сырости, талого льда в твориле, крепкого хрена и укропа, огуречной томящей свежести... — слышу и вижу быль, такую покойную, родную, омоленную душою русской, хранимую святым Покровом.

А на солнце плещутся огурцы в корыте, весело так купаются. Ловкие бабьи руки отжимают, кидают в плоские круглые совки... — и валятся бойкие игрунки зеленые гулким и дробным стуком в жерла промытых кадок. Горкин стоит на лесенке, снимает картуз и крестится.

— Соль, робята!.. Чисты ли руки-те?.. Бережно разводи в ведерке, отвешено у меня по фунтикам... не перекладь!.. Лей, с Господом!..

Будто священное возглашает, в тишине. И что-то шепчет... какую же молитву? После доверил мне, помню ее доселе, молитву эту, — «над солию»:

— ...сим благослови и соль сию и приложи ю в жертву радования...

Молитву над огурцами. Теперь я знаю душу молитвы этой: это же — «хлеб насущный»: «Благослови их, Господи, лютую зиму перебыть... Покров мой над ними будет». Благословение и Покров — над всем.

Кадки наполнены, укрыты; опущены в погреба, на лед. Горкин хрустит огурчиком. Ласково говорит:

— Дал бы Господь отведать. К Филиповкам доспеют, попостимся с тобой огурчиком, а там уж и Рождество Христово, рукой подать.

Наелись досыта огурцов, икают. Стоит во дворе огуречный дух, попахивает укропом, хреном. Омоленные огурцы спят в кадках — тихая «жертва радования».

Огурцы малосольные

При засолке огурцов, в зависимости от размера их, для рассола на каждые 10 л воды брать от 400 до 600 г соли. Отобрать огурцы, пригодные для засолки, обмыть, сложить в бочку или другую тару, переложить укропом и чесноком, после чего залить охлажденным рассолом.

Для ускорения засолки кончики огурцов нужно обрезать, огурцы уложить в соответствующую тару и залить горячим рассолом. При таком способе огурцы будут готовы через несколько часов.

И. Ильф и Е. Петров. «Двенадцать стульев»

Наконец карточка была принесена. Ипполит Матвеевич с чувством облегчения углубился в нее.

— Однако, — пробормотал он, — телячьи котлеты — два двадцать пять, филе — два двадцать пять, водка — пять рублей.

— За пять рублей большой графин-с, — сообщил официант, нетерпеливо оглядываясь.

«Что со мной? — ужасался Ипполит Матвеевич. — Я становлюсь смешон».

— Вот, пожалуйста, — сказал он Лизе с запоздалой вежливостью, — не угодно ли выбрать? Что будете есть?

Лизе было совестно. Она видела, как гордо смотрел официант на ее спутника, и понимала, что он делает что-то не то.

— Я совсем не хочу есть, — сказала она дрогнувшим голосом. — Или вот что... Скажите, товарищ, нет ли у вас чего-нибудь вегетарианского?

Официант стал топтаться, как конь.

— Вегетарианского не держим-с. Разве омлет с ветчиной.

— Тогда вот что, — сказал Ипполит Матвеевич, решившись, — дайте нам сосисок. Вы ведь будете есть сосиски, Елизавета Петровна?

— Буду.

— Так вот. Сосиски. Вот эти, по рублю двадцать пять. И бутылку водки.

— В графинчике будет.

— Тогда — большой графин.

Работник нарпита посмотрел на беззащитную Лизу прозрачными глазами.

— Водку чем будете закусывать? Икры свежей? Семги? Расстегайчиков?

В Ипполите Матвеевиче продолжал бушевать делопроизводитель загса.

— Не надо, — с неприятной грубостью сказал он. — Почем у вас огурцы соленые? Ну, хорошо, дайте два.

Огурцы соленые

Чтобы соленые огурцы были полные, а не пустые, собрав их, надо тотчас же солить их или, по крайней мере, на другой день; а чтобы нисколько не лежали сухими, лучше всего, собрав, опустить их тотчас же в холодную воду со льдом.

Дно небольшого бочонка выстлать листьями дубовыми, вишневыми, смородинными, укропом, листьями и стругаными кореньями хрена (если не кладется чеснок, который разрезается на четыре части). Потом ставить огурцы на дно стоймя, один подле другого, каждый ряд огурцов пересыпать горстью зелени. Наполнив таким образом бочонок, накрыть его дном, в котором должны быть просверлены 2 небольших отверстия, через одно из них должен выходить воздух, на другое же вставить воронку и влить соленую воду, а именно: на 2,5 ведра, примерно 33 литра воды, взять 6 стаканов соли, размешать и сырою залить огурцы, тотчас закупорить и засолить. Эти огурцы хорошо перекладывать маленькими арбузами.

И.С. Шмелев. «Лето Господне»

Авот и другая радость: капусту рубим!
После Воздвижения принимаются парить кади под капусту. Горкин говорит: «Огурчики дело важное, для скусу, а без капустки не проживешь, самая заправка наша, рабочая». Опять на дворе дымятся кадки, столбами пар. Новенькие щиты, для гнета, блестят на солнце смолистой елкой. Сечки отчищены до блеска. Народу — хоть отгоняй. Пришли все плотники: какая теперь работа, Покров на носу — домой! Пришли землекопы и конопатчики, штукатуры и маляры, каменщики и кровельщики, даже Денис с Москва-реки. Горкин не любит непорядков, серчает на Дениса: «А ты зачем? На портомойке кто за тебя остался... Никола Угодник-батюшка?!» Денис, молодой солдат, с сережкой в ухе, — все говорят — красавец! — всегда зубастый, за словом в карман не лезет, совсем тихий, будто даже застенчивый: в глаза не глядит, совсем овечка. Горничная Маша, крестница Горкина, смеется: «Капустки Денису зажелалось...

пусть пожует, малость оттянет, может!» Все смеются, а Денис и не огрызнется, как бывало. Мне его что-то жалко, я про него все знаю, наслушался. Денис выпивает с горя, что Маша выходит за конторщика... а потому Маша выходит за конторщика, что Денис пьяница... Что-то давно выходит, а все не выйдет, а в водополье — при нас это было с Горкиным — принесла Денису пирог с морковью, в украдочку, сунула без него и убежала: «Это за пескарей ему». Ничего не понять, что такое. И все-то знают, для какой капусты пришел Денис.

— Я, Михаил Панкратыч, буду за троих, дозвольте... а на портомойке Василь Василич Ондрейку оставил без меня, дозволил... уж и вы дозвольте.

Совсем — овечка. Горкин трясет бородкой: ладно, оставайся, руби капусту. И Горкину нравится Денис: золотые руки, на все гожий, только вот пьяница. А потому пьяница, что...

— Их не поймешь... как журавь с цаплей сватаются, вприглядку!

Двадцать возов капусты, весь двор завален: бело-зеленая гора, рубить — не перерубить. Василь Василич заправляет одним корытом, другим — я с Горкиным. Корыта из толстых досок, огромные, десять сечек с каждого боку рубят, весело слушать туканье — как пляшут. В том корыте серую капусту рубят, а в нашем — белую. Туда отбирают кочни позеленей, сдают зеленые листья с нашей, а в наше корыто кидают беленькую, «молочную». Называют — «хозяйское корыто». Я шепчу Горкину: «А *им* почему зеленую?» Он ухмыляется на меня:

— Зна-аю, чего ты думаешь... Обиды тут нет, косатик. Ваша послаще будет, а мы покрепчей любим, с горчинкой, куда вкусней... и как заквасится, у ней и дух пронзей... самая знаменитая капуста наша, серячок-то.

Все надо по порядку. Сперва обсекают «сочень», валят в корыто кочни, а самое «сердечко» в корыто не бросают, в артель идет. Когда ссекают — будто сочно распарывают что-то совсем живое. Как наполнится полкорыта, Горкин крестится и велит:

— С Богом... зачинай, робятки!

Начинается сочное шипенье, будто по снегу рубят, — так жвакает. А потом — туп-туп-туп... тупы-туки... тупы-туки... — двадцать да двадцать сечек! Молча: нельзя запеть. И Горкин не запретил бы, пригодную какую песню, — любит работу с песнями, — да только нельзя запеть, «духу не выдержать». Денис — сильный, и он не может. Глупая Маша шутит: «Спой ты хоть про капусту, в кармане, мол, пусто!..» А Денис ей: «А ты косила?» — «Ну, косила, ложкой в рот носила! — Совсем непонятный разговор. — А что тебе, косила, тебя не спросила!» — «А вот то, знала бы, что косить — что капусту рубить, — не спеть». А она все свое: «Пьют только под капусту!» Горкин даже остановил: «Чисто ты червь капустный, тебя не оберешь».

— Годи, робята...

Горкин черпает из корыта, трясет в горсти: мелко, ровно, капустинка-то к капустинке. Опять начинают сечку, хряпают звонко кочерыжки. Горкин мне выбирает самые кончики от хряпки: надавишь зубом — так и отскочит звонко, как сахарок. Приятно смотреть, как хряпают. У молодых, у Маши, у Дениса, — зубы белые-белые, как кочерыжки, и будто прикусывают сахар, будто и зубы у них из кочерыжки. Редиской пахнет. Швыряются кочерыжками — объелись. Веселая — капуста эта! Ссыпают в кадки, перестилают солью. Горкин молитву шепчет... — про «жертву радования»?..

Капуста квашеная

На 100 кг капусты: 2,5 кг соли, 4 кг моркови, 9 кг яблок, 3,5 кг брусники, 0,5 кг тмина.
Кочаны капусты зачистить от зеленых, загрязненных или поврежденных листьев и отрезать наружную часть кочерыжки.

Зачищенные кочаны капусты нашинковать или изрубить, в зависимости от того, какую капусту готовят — шинкованную или рубленую.

При засыпке капусты в хорошо пропаренные и промытые бочки каждый слой капусты высотой примерно 5—7 см нужно пересыпать солью и утрамбовать.

Для придания лучшего вкуса в капусту добавляют нарезанную морковь, яблоки, клюкву или бруснику, тмин. Можно добавить в капусту и свеклу, которая также улучшает вкусовые качества капусты, но окрашивает ее в розовый цвет.

Заполненную бочку следует прикрыть промытыми зелеными капустными листьями и чистой белой тканью. Сверху положить деревянный кружок, а на него гнет — тщательно вымытые камни булыжника весом, составляющим примерно 10% к весу капусты.

Когда капуста осядет и над деревянным кружком появится рассол высотой 10—15 см, гнет надо уменьшить.

Образующуюся на поверхности рассола пену следует удалять, а края бочки тщательно протирать чистым полотенцем.

По мере заквашивания гнет, положенный на деревянный кружок, следует уменьшать, но с таким расчетом, чтобы капуста все время была покрыта рассолом слоем не менее 10 см.

Брожение капусты длится около 20 суток при температуре от 0 до 3°C.

Потери при квашении составляют 12%.

Капуста квашеная с яблоками

На 125 г капусты: яблоки — 75 г, сахар — 10 г, зелень — 10 г, масло растительное — 25 г.

Квашеную капусту перебрать, отжать рассол.

Яблоки очистить, нарезать дольками и положить в рассол, чтобы они не потемнели.

Подготовленные яблоки смешать с капустой, заправить сахаром, полить маслом, уложить в посуду и украсить зеленью, клюквой.

И. Ильф и Е. Петров. «Двенадцать стульев»

Между тем помрачневший инспектор пожарной охраны спустился задом по чердачной лестнице и, снова очутившись в кухне, увидел пятерых граждан, которые прямо руками выкапывали из бочки кислую капусту и обжирались ею. Ели они в молчании. Один только Паша Эмильевич по-гурмански крутил головой и, снимая с усов капустные водоросли, с трудом говорил:

— Такую капусту грешно есть помимо водки.

— Новая партия старушек? — спросил Остап.

— Это сироты, — ответил Альхен, выжимая плечом инспектора из кухни и исподволь грозя сиротам кулаком.

— Дети Поволжья?

Альхен замялся.

— Тяжелое наследье царского режима?

Альхен развел руками: мол, ничего не поделаешь, раз такое наследие.

— Совместное воспитание обоих полов по комплексному методу?

Застенчивый Александр Яковлевич тут же, без промедления, пригласил пожарного инспектора отобедать чем Бог послал.

И. С. Шмелев. «Лето Господне»

Авот капуста. Широкие кади на санях, кислый и вонький дух. Золотится от солнышка, сочнеет. Валят ее в ведерки и в ушаты, гребут горстями, похрустывают — не горчит ли? Мы пробуем капустку, хоть нам и не надо. Огородник с Крымка сует мне беленькую кочерыжку, зимницу, — «как сахар!». Откусишь — щелкнет.

А вот и огурцами потянуло, крепким и свежим духом, укропным, хренным. Играют золотые огурцы в рассоле, пляшут.

Вылавливают их ковшами, с палками укропа, с листом смородинным, с дубовым, с хренком. Антон дает мне тонкий, крепкий, с пупырками; хрустит мне в ухо, дышит огурцом.

— Весело у нас постом-то, а? Как ярмонка. Значит, чтобы не грустили. Так, что ль?.. — жмет он меня под ножкой.

А вот вороха морковки — на пироги с лучком, и лук, и репа, и свекла, кроваво-сахарная, как арбуз. Кадки соленого арбуза, под капусткой поблескивает зеленой плешкой.

— Редька-то, гляди, Панкратыч... чисто бровки! Хлебца с такой умнешь!

— И две умнешь, — смеется Горкин, забирая редьки.

А вон — соленье: антоновка, морошка, крыжовник, румяная брусничка с белью, слива в кадках... Квас всякий — хлебный, кислощейный, солодовый, бражный, давний — с имбирем...

Капуста квашеная кочанная

Отобрать наиболее плотные кочаны, очистить их от зеленых или поврежденных листьев. Наружную часть кочерыжки срезать, а внутреннюю надрубить ножом крест-накрест.

Подготовленные кочаны уложить плотно рядами в бочки, прикрыть промытыми зелеными листьями, сверху положить деревянный кружок с небольшим гнетом и залить рассолом крепостью 6%, т.е. на каждые 10 л воды положить 600 г соли. Кочанную капусту надо хранить при тех же условиях, что и шинкованную.

Кочанную капусту можно заквашивать вместе с шинкованной или рубленой. В этом случае кочаны капусты в целом виде или разрезанные пополам укладывают в бочку, переслаивая шинкованной или рубленой капустой слоем в 15—20 см, с одновременным добавлением соли, расход которой будет несколько меньше — 2,3 кг на 100 кг капусты. Рассолом такую капусту не заливают, так как в достаточном количестве выделяется естественный рассол.

Квашеная кочанная капуста в кулинарии широко применяется при изготовлении салатов и винегретов.

Синяя капуста, маринованная в уксусе

Небольшие кочаны капусты нашинковать, промыть в воде, откинуть на дуршлаг. После того как вода стечет, капусту посолить в большой емкости и сильно отжимать руками до тех пор, пока она не даст сок. Затем сок слить, капусту выжать, сложить в банки, залить не очень крепким вскипяченным и остывшим уксусным раствором.
Закупорить крышками и держать в прохладном месте.

И.С. Шмелев. «Лето Господне»

В канун Покрова, после обеда, — самая большая радость, третья: мочат антоновку.

Погода разгулялась, большое солнце. В столовую, на паркет, молодцы-плотники, в розовых рубахах, чистые, русые, ясноглазые, пахнущие березой банной, втаскивают огромный рогожный тюк с выпирающей из него соломой, и сразу слышно, как сладко запахло яблоком. Ляжешь на тюк — и дышишь: яблочными садами пахнет, деревней, волей. Не дождешься, когда распорют. Порется туго, глухо, и вот пучится из тюка солома, кругло в ней что-то золотится... — и катится по паркету яблоко, большое, золотое, цвета подсолнечного масла... — пахнет как будто маслом, будто и апельсином пахнет, и маслится. Тычешься головой в солому, запустишь руки, и возятся под руками яблоки. И все запускают руки, все хотят выбрать крупное самое — «царя». Вся комната в соломе; под стульями, под диваном, под буфетом — везде закатились яблоки. И кажется, что они живые, смотрят и улыбаются. Комната совсем другая, яблочная. Вытираем каждое яблоко холстинным полотенцем, оглядываем, поминки нет ли, родимые ямки-завитушки заливаем топленым воском. Тут же стоят кадушки, свежие-белые, из липки. Овсяная солома, пареная, душистая, укладывается на дно кадушки, на нее — чтобы бочками не касались — кладутся золотистые антоновки, и опять, по рядку, солома, и опять яблоки... — и заливается теплой водой на солоде.

Плотники поднимают отяжелевшие кадушки, выносят бережно. Убирают солому, подметают. Многие дни будут ходить по дому яблочные духи. И с какой же радостью я найду закатившееся под шкаф, ставшее духовитее и слаже антоновское «счастье»!..

Моченые яблоки

Для мочения больше всего пригодны антоновские яблоки. Яблоки перебирают и обмывают водой. Дно кадки, приготовленной для замачивания яблок, устилают слоем листьев черной смородины или вишни. На листья укладывают несколько рядов яблок (веточками кверху). На яблоки вновь кладут слой листьев, на них опять несколько рядов яблок. Таким образом заполняют всю кадку и верхний слой яблок прикрывают листьями. Вместо листьев можно взять овсяную, мелко нарезанную солому. Заливают яблоки специально приготовленным суслом или сладкой водой. Для приготовления сусла ржаную муку надо залить кипятком, посолить, хорошо размешать, дать отстояться и процедить. На 10 л воды требуется 200 г ржаной муки и 2 ст. л. соли.

Для приготовления сладкой воды на каждые 10 л воды нужно взять 400 г сахара или 600 г меда, добавить 3 ст. л. соли, прокипятить и охладить. Кадку с уложенными яблоками ставят в холодное место и заливают суслом или сладкой водой. Яблоки накрывают деревянным кружком, на который кладут груз. В первые 3—4 дня яблоки будут впитывать много влаги, поэтому кадку необходимо доливать суслом или холодной водой.

Уровень жидкости во время замачивания и хранения должен быть на 3—4 см выше деревянного кружка. Через 30—40 дней яблоки будут готовы.

Десерты

И.С. Шмелев. «Лето Господне»

Отец и говорит:

— Ну, вот вам и «удивление». Да вас трудно и удивить, всего видали.

И приказал Фирсанову:

— Обнеси, голубчик, кто желает прохладиться, арбузом... к Егорову пришли с Кавказа.

Они стали говорить: «После такого мороженого — да арбуузом!...» А другие одобрили: «Нет, теперь в самый раз арбузика!..»

И вносит старший официант Никодимыч с двумя подручными, на голубом фаянсе, — громадный, невиданный арбуз!

Все так и загляделись. Темные по нем полосы, наполовину взрезан, алый-алый, сахарно-сочно-крупчатый, светится матово слезой снежистой, будто иней это на нем, мелкие черные костянки в гнездах малинового мяса... и столь душистый — так все и услыхали: свежим арбузом пахнет, влажной прохладной свежестью. Ну, видом одним — как сахар прямо. Кто и не хотел, а захотели. Кашин первый попробовал — и крикнул ужасно непристойно: «А, чер-рт!..» Ругнул его протодьякон: «За трапезой такое слово!..» И сам попался: «Вот дак ч... чудасия!..» И вышло полное «удивление»: все попались, опять удивил отец, опять «марципан», от «Абрикосова С-ья».

И вышло полное торжество.

Марципаны

Взять: 400 г — 3 стакана сладкого миндаля, 400 г сахара, $1/3$ или $1/2$ стакана розовой воды на глазурь, фрукты, желе и пр.

400 г сладкого миндаля очистить, высушить, мелко истолочь, подливая розовой воды с $1/2$ стакана, переложить в кастрюлю, всыпать 400 г сахара, мешать на огне, пока масса не загустеет, смотреть, чтобы не пригорело.

Потом снять с огня, сделать из этой массы продолговатую булку, посыпать слегка мукою, дать остынуть, потом раскатать, вырезать разными фигурками, изготовить белую глазурь довольно жидкую, намазать ею марципаны, испечь не в жаркой печи, украсить фруктами и проч.

И. С. Шмелев. «Лето Господне»

А там молоко толкут! Я бегу темными сенями. В кухне Марьюшка прибралась, молится Богу перед постной лампадочкой. Вот и Филиповки... скучно как...

В комнатах все лампы пригашены, только в столовой свет, тусклый-тусклый. Маша сидит на полу, держит на коврике в коленях ступку, закрытую салфеткой, и толчет пестиком.

Медью отзванивает ступка, весело-звонко, выплясывает словно. Матушка ошпаривает миндаль — будут еще толочь!

Я сажусь на корточках перед Машей, и так приятно миндальным запахом от нее. Жду, не выпрыгнет ли «счастливчик». Маша миндалем дышит на меня, делает строгие глаза и шепчет: «Где тебя, глазастого, носило... все потолкла!» И дает мне на пальце миндальной кашицы в рот. До чего же вкусно и душисто! Я облизываю и Машин палец. Прошу у матушки почистить миндалики. Она велит выбирать из миски, с донышка. Я принимаюсь чистить, выдавливаю с кончика, и молочный, весь новенький миндалик упрыгивает под стол. Подумают, пожалуй, что я нарочно. Я стараюсь, но миндалики юркают, боятся ступки. Я лезу под стол, собираю «счастливчиков», а блюдечко с миндаликами уже отставлено.

Молоко постное

Взять $1/_2$ фунта сладкого и 10 зерен горького миндаля, 1 ложку сахару.

Миндаль обваривают кипятком, снимают кожицу, кладут в ступку и толкут как можно лучше. Потом понемногу прибавляют холодной воды, размешивают и процеживают через холст, выжимая.

Оставшиеся выжимки помещают обратно в ступку и продолжают толочь, потом опять разбавляют водой и опять выжимают в ту же массу.

Воды надо прибавлять столько, чтобы всего молока получилось не более 2—4 стаканов, к которому прибавляют немного мелкого сахару и выносят на лед.

Точно таким же образом можно получить молоко из разных орехов и семян, как, например, из маку, конопляного и др. семян.

Миндальное молоко к киселю, кашам, пудингам

100 г сладкого миндаля и 5—10 штук горького обварить кипятком, очистить, мелко истолочь, подливая по ложке воды, развести 2 стаканами горячей воды или молока, вскипятить, процедить, отжать через марлю остатки толченых орехов, положить 3—4 куска сахара.

Н. В. Гоголь. «Мертвые души»

ошли в гостиную, где уже очутилось на блюдечке варенье — ни груша, ни слива, ни иная ягода, до которого, впрочем, не дотронулись ни гость, ни хозяин. Хозяйка вышла с тем, чтобы накласть его и на другие блюдечки. Воспользовавшись ее отсутствием, Чичиков обратился к Собакевичу, который, лежа в креслах, только покряхтывал после такого сытного обеда и издавал ртом какие-то невнятные звуки, крестясь и закрывая поминутно его рукою. Чичиков обратился к нему с такими словами: «Я хотел было поговорить с вами об одном дельце».

— Вот еще варенье, — сказала хозяйка, возвращаясь с блюдечком, — редька, варенная в меду!

— А вот мы его после! — сказал Собакевич. — Ты ступай теперь в свою комнату, мы с Павлом Ивановичем скинем фраки, маленько приотдохнем!

Варенье

750 г сахара смочить водой (1 чайная чашка), вскипятить. Всыпать в горячий сироп 1 кг вымытой клубники (абрикосов, слив, черешни, вишни, персиков, смородины — если плоды кислые, взять больше сахара, в варенье из черешни добавляют сок $1/2$ лимона).

Варить варенье в 2—3 приема, доводя до кипения
и отставляя остужать.
В это время снимают образовавшуюся пену,
ягоды пропитываются сиропом и распределяются
в нем равномерно.

А. П. Чехов. «Крыжовник»

Но дело не в нем, а во мне самом. Я хочу вам рассказать, какая перемена произошла во мне в эти немногие часы, пока я был в его усадьбе. Вечером, когда мы пили чай, кухарка подала к столу полную тарелку крыжовнику. Это был не купленный, а свой собственный крыжовник, собранный в первый раз с тех пор, как были посажены кусты. Николай Иваныч засмеялся и минуту глядел на крыжовник, молча, со слезами, — он не мог говорить от волнения, потом положил в рот одну ягоду, поглядел на меня с торжеством ребенка, который наконец получил свою любимую игрушку, и сказал:

— Как вкусно!

И он с жадностью ел и все повторял:

— Ах, как вкусно! Ты попробуй!

Было жестко и кисло, но, как сказал Пушкин, «тьмы истин нам дороже нас возвышающий обман». Я видел счастливого человека, заветная мечта которого осуществилась так очевидно, который достиг цели в жизни, получил то, что хотел, который был доволен своею судьбой, самим собой.

Варенье из крыжовника
«Крыжовник варить, чтобы зелен был»

Взять самого хорошего крупного крыжовнику, как он еще тверд и зелен, очистить у него стебельки и засохлый цвет, потом, распоров каждую ягодку булавкою, выбрать мелкие зерна вон, класть в холодную воду и несколько часов дать ему в ней полежать, после сего, слив чисто холодную воду, положить крыжовник в медный котлик, таз или латку, полить на него кипятку воды, накрыть и дать так целые сутки стоять, потом, выбрав из воды, положить на блюдо и немножко крепким ренсковым уксусом попрыскать и опять дать ему так сутки стоять, по сем выложить его на чистое полотенце и разровнять, чтобы вся сырость из него вытекла и он попрочахнул, наконец, положить его в стеклянные банки и разваренным и растопленным с розовою водою самым чистым сахаром;
немного попростудя, налить и чрез каждые три или четыре дни сыроп, сливая долой, переваривать, прибавляя в него всегда по нескольку сахару, и сие делать до тех пор, как усмотрится, что сыроп густ будет и больше разжижать не станет.
Можно в последний раз переваривания и ягодам с сыропом вместе дать единожды вскипеть и тотчас выбрать их вон, а сыроп до настоящей густоты доваривать, а простудя, чуть теплый, с ягодами паки в банки разлить и, завязав, хранить.
Когда, как выше сего объявлено, крыжовник кипятком воды нальешь, чтобы с нею он, накрывши, сутки стоял, то положить тогда в него кусочек, с лесной орех, камфоры, то он от ней хорош и очень зелен будет, а камфору можно будет после и опять вынуть вон.
(Из «Новой полной поваренной книги». — СПб., 1788.)[1]

---

[1] В рецепте орфография источника сохранена.

Варенье из айвы

На 1 кг плодов берут 1,2—1,5 кг сахара и полтора стакана отвара. Незрелые и очень твердые плоды перед варкой выдерживают несколько дней при комнатной температуре для созревания. После этого айву очищают, удаляют сердцевину и, нарезав дольками, заливают на полчаса холодной водой. Слив воду, айву снова заливают холодной водой так, чтобы она только покрыла нарезанные дольки, и варят до размягчения (15—20 минут).

Затем айву вынимают шумовкой, а отвар процеживают. В таз для варенья вливают полтора стакана отвара, добавляют сахар и готовят сироп.

В кипящий сироп кладут подготовленную айву, дают сиропу вскипеть и продолжают варить на слабом огне до тех пор, пока айва не сделается прозрачной.

Если сироп приготовить из отвара кожицы, снятой с плодов, варенье получится более вкусным и ароматным.

Репа со сладким фаршем и медом

Взять 6—9 реп, срезать отростки, вымыть и, не срезая кожи, отварить в воде; срезать верхушку, выбрать осторожно ложкой середину, растереть ее с 2—3 ложками орехового масла; положить $3/_4$ стакана тертой булки, соли, 3—4 куска сахара, мускатного ореха, $1/_3$ стакана перебранной обваренной коринки и $2/_3$ стакана вина или воды с вином; размешать, нафаршировать репу, накрыть срезанной верхушкой, смазать медом, размешанным с водой, посыпать сухарями, поставить в духовку. Подавая, полить соусом.

Приготовление соуса. $1/_2$ ложки сливочного масла смешать с 1 ложкой просеянной муки, развести 1,5 стакана воды, всыпать $1/_2$ стакана сахарного песка, прокипятить, процедить; развести $3/_4$ стакана белого столового вина, влить рюмку коньяка, выжать сок из половинки лимона, поставить на огонь и довести до кипения и охладить.

Состав: 1 л. сливочного масла, 1 л. муки, $1/_2$ лимона, $3/_4$ стакана столового вина, $1/_2$ стакана сахарного песка, 1 рюмка коньяка.

П. Мельников-Печерский. «В лесах»

Трапеза совершалась по чину. Чередовой чтец заунывным голосом протяжно, нараспев читал «синаксарь». Келарь, подойдя к игумну, благословился первую яству ставить братии, отец чашник благословился квас разливать, отец будильник на разносном блюде принял пять деревянных ставцев с гороховой лапшой, келарь взял с блюдца ставец и с поклоном поставил его перед игумном. Отец Михаил и тут воздал почет Патапу Максимычу: ставец перед ним поставил, себе взял другой. Также и чашу с квасом и кашу соковую, подаренную келарем, все от себя переставлял гостю.

Когда Патап Максимыч, проголодавшись дорогой, принялся было уписывать гороховую лапшу, игумен наклонился к нему и сказал потихоньку:

— Ты, любезненькой мой, на лапшицу-то не больно налегай. В гостинице наказал я самоварчик изготовить да закусочку ради гостей дорогих.

— Зачем это, отче? — отозвался Патап Максимыч. — Были бы сыты и за трапезой, ишь какая лапша-то у вас вкусная. Напрасно беспокоился.

— Нет, касатик, уж прости меня, Христа ради, а у нас уж такой устав: мирским гостям учреждать особую трапезу во утешение... Вы же путники, а в пути и пост разрешается... Рыбки не припасти ли?

— Нет, отец Михаил, не надо — пост, — сказал Патап Максимыч.

— В пути и в морском плавании святые отцы пост разрешали, — молвил игумен. — Благослови рыбку приготовить, — прибавил он, понизив голос. — А рыбка по милости Господней хорошая: осетринки найдется и белужинки.

— Нет, нет, отец Михаил, — продолжал отнекиваться Патап Максимыч, — и в грех не вводи.

— Говорю тебе, что святые отцы в пути сущим и в море плавающим пост разрешили, — настаивал игумен. — Хочешь, в книгах покажу?.. Да что тут толковать, касатик ты мой, со своим уставом в чужой монастырь не ходят... Твори, брате, послушание!

В. А. Гиляровский. «Москва и москвичи»

На катке все: и щековина, и сомовина, и свинина. Извозчик с холоду любил что пожирнее, и каленые яйца, и калачи, и ситники подовые на отрубях, а потом обязательно гороховый кисель.

И многие миллионеры московские, вышедшие из бедноты, любили здесь полакомиться, старину вспомнить. А если сам не пойдет, то малого спосылает:

— Принеси-ка на двугривенный рубца. Да пару ситничков захвати или калачика!

А постом:

— Киселька горохового, да пусть пожирнее маслицем попоснит!

Гороховый кисель

Горох разварить. Протереть через сито.

Жидкое гороховое пюре, сдобренное по вкусу солью (или сахаром, смешанным с малой долей соли), выложить в плоское блюдо.

Молочно-яичный кисель

4 желтка добела растереть со стаканом сахарного песка. 2 ст. л. пшеничной муки развести в половине стакана молока, чтобы не было комков. Все смешать, взбить венчиком. Вскипятить 4,5 стакана молока, ввести яично-мучную смесь и, помешивая, довести до кипения. Когда масса загустеет, снять с огня, охладить и добавить в нее взбитые белки, ванилин.

Кисель овсяный

Овсяную крупу залить теплой кипяченой водой, оставить на сутки. Процедить, отжать. Варить с солью по вкусу, пока масса не загустеет. Разлить в мелкие посуды, поставить на холод. Застывший кисель разрезать на порции, полить луковым соусом (репчатый лук обжарить на растительном масле, также охладить).

Тыквенный кисель

Тыкву очистить и натереть на мелкой терке. 2 ст. л. крахмала развести в стакане молока. Отдельно кипятить 2 стакана молока с солью по вкусу. Разведенный крахмал вливать тонкой струей в кипящее молоко, довести до кипения, снять с огня, смешать с тыквой, прогреть, но не кипятить.

Подавать охлажденным.

Можно такой кисель сделать сладким, добавив сахар и ванилин по вкусу.

Оладьи тыквенные

Тыкву натереть на мелкой терке, добавить соль и сахар, всыпать муку, замесить однородное тесто.
Раскладывать ложкой на раскаленную сковороду в разогретое растительное масло.
Обжаривать с обеих сторон. Подавать с медом.
На 1 кг очищенной тыквы — 1 стакан пшеничной муки, соль, сахар по вкусу, растительное масло для жаренья.

Молочно-овсяный кисель

Овсяные хлопья (геркулес), 100 г, развести в 2 стаканах молока. Как только хлопья набухнут, отцедить молоко через сито и, положив 1 ст. л. крахмала и соль по вкусу, сварить кисель — не доводя до кипения и постоянно помешивая.
При приготовлении сладкого киселя в пропущенное через сито молоко добавить 2 ст. л. сахарного песка.

Кисель клюквенный или смородиновый

Ягоды перебрать, промыть горячей водой и хорошо размять пестиком или ложкой, добавить $1/_2$ стакана кипяченой холодной воды, протереть сквозь сито и отжать через марлю. Выжимки от ягод залить 2 стаканами воды, поставить на огонь и прокипятить в течение 5 минут, после чего процедить. В процеженный отвар положить сахар, вскипятить, влить разведенную картофельную муку и, размешивая, дать закипеть еще раз. В готовый кисель влить отжатый сок и хорошо размешать.
Клюквы или смородины — 1 стакан, сахару — 3/4 стакана, картофельной муки — 2 ст. ложки.

Вишневый кисель

Вишен — 1 стакан, сахару — $3/_4$ стакана, картофельной муки — 2 ст. л.
Вишни промыть в холодной воде, очистить от косточек, пересыпать сахаром и в таком виде оставить на 20 минут.
В течение этого времени несколько раз перемешать их, чтобы образовалось больше сока, который надо слить и затем добавить в готовый кисель.

Ягоды залить 2,5 стакана горячей воды, вскипятить
и процедить. В кипящий отвар с ягодами влить
разведенную картофельную муку, снова довести
до кипения, снять с огня, влить сок и перемешать.

С. Т. Аксаков.
«Детские годы Багрова-внука»

По возвращении домой начиналась новая возня
с ягодами: в тени от нашего домика рассыпали их
на широкий чистый липовый лубок, самые крупные отбирали на варенье, потом для кушанья, потом для сушки, из остальных делали русские и татарские пастилы; русскими назывались пастилы толстые, сахарные или
медовые, процеженные сквозь рединку, а татарскими — тонкие, как кожа, со всеми ягодными семечками, довольно кислые на вкус. Эти приготовления занимали меня сначала едва
ли не более собирания ягод; но наконец и они мне наскучили.
Более всего любил я смотреть, как мать варила варенье в мед-
ных блестящих тазах на тагане, под которым разводился

огонь, — может быть, потому, что снимаемые с кипящего таза сахарные пенки большею частью отдавались нам с сестрицей; мы с ней обыкновенно сидели на земле, поджав под себя ноги, нетерпеливо ожидая, когда масса ягод и сахара начнет вздуваться, пузыриться и покрываться беловатою пеною.

Брусничная пастила на меду

Приготовить из брусники пюре следующим образом: насыпать ягоды в медный таз, покрыть их водой и кипятить, пока ягоды не побелеют; затем выложить на решето или сито, дать стечь воде; а ягоды протереть сквозь сито и из этого протертого пюре делать пастилу. Для этого смерить протертое пюре и на каждые 2 стакана пюре положить 1 стакан меда, который предварительно взбить до белизны. Пюре выбивать отдельно, а затем соединить с медом, вливая по стакану пюре и непрерывно перемешивая, пока не получится гладкая масса; затем пастилу разливают в неглубокие емкости или на блюдо и дают просохнуть. После этого разрезают на полоски, пересыпают сахарной пудрой и укладывают в банки.

И.С. Шмелев. «Пути Небесные»

Куда же они зашли? Встречные пропадали за метелью, бульвар кончался. Надо было купить гостинцев. «Лавочка? Ну, лавочки ищите там вон!..» — крикнул пропавший встречный. Они долго брели по переулкам, искали лавочку. В снежной мути выплыл на них старик-извозчик. На Тверскую?.. Найди ее, Тверскую, теперь и в Москве заблудишься. Тридцать годов вот ездит, а метели такой не видано, за рукой не видно, как сечет-то. Выбрались будто на Тверскую? Тверская? Тверская-то она Тверская, да спряталась. Да куда тут сворачивать? Где Андреев? Магазин Андреева, у генерал-губернаторского дома, еще не отпирали, рано. Нашли бакалейную торговлю. Даринька набрала гостинцев: заливных орехов, клюквенной пастилы, вяземских пряников, кувшинного синего изюму, винных ягод, прессованных абрикосов в коробочке — все, что любят в монастырях старушки, — цельный кулечек навязали. Вышли к монастырю, на площадь. Монастырь прятался в метели, глухое поле. Выбрались наконец к стенам. Снежные стали стены, розового не стало видно, — совсем незнакомая обитель.

«Матушка Виринея!..» — крикнула, задыхаясь, Даринька.

Клюквенная пастила

Заморозить клюкву, чтобы она стала твердой, как орехи, истолочь ее деревянной ступкой, выложить на сито, дать соку стечь, оставшуюся массу протереть через сито.
Затем протертое пюре перемешать с сахаром или медом, на каждый стакан пюре — стакан сахара или меда; потом разлить в мелкие емкости и оставить застывать.

И.С. Шмелев. «Пути Небесные»

Д ень новоселья остался для многих памятным. Помимо радушия и пышности, способствовало сему одно обстоятельство, вряд ли случавшееся на современных пирах.

Перед тем как садиться за стол, Даринька попросила батюшку прочесть молитву и благословить трапезу. Он прочитал — «Очи всех на Тя...» и благословил яства и питие. Ни у кого от сего не было неловкости, — было по лицам видно. Виктор Алексеевич признавался, что принял это изумленно и благоговейно, — «да и все были исполнены «благоволения», как поминается в молитве».

Вкушали «вдохновенно». Все было на редкость — показал-таки себя Листратыч. Когда к «отбивным», каких и в Питере не едали, подали соус из дормидонтовского гриба, все признали, что это несравнимо ни с какими соусами Дюссо или Кюба. Гвоздем обеда явилось сладкое: нечто золотисто-розовое, в башенках-куполках, бисквитно-пломбирное, ледяное, с малиной и ананасами, с льдистыми шариками, хрупавшими во рту, изливавшими шампанское и ликеры... — совершенно исключительное, — «вкусовая некая по-э-ма». Вызывали «автора». Заставили-таки прийти упиравшегося Листратыча. Он явился, недоуменный, страшась чего-то, в полном своем поварском параде. И Даринька хлопала ему в ладоши. Гости тут же собрали «премию». Листратыч был растроган. Даринька забылась, воскликнула: «До чего же чудесно, Го-споди!..»

Возглашали здравие и благоденствие.

Музыканты купались в пиве. Гремели марши, упоительно пели вальсы, — гремело «Уютово» торжество.

Перед каждым прибором стояло по серебряной чарочке, с резным начертанием, чернью: «Уютово», июль, 1877». Хозяева просили гостей принять эти чарочки на память. Это заключило трапезу новоселья. Чарочки вошли в легенду. Старожилы и по сие время вспоминают, рассказывая о прошлом: хранят, как редкость.

На луговине пировали «уютовцы», ямщики и музыканты. Заправлял Карп. Потом говорили в городке:

— Пять бочек одного пива выпили!.. Вот дак «уютили»!..

Парфе из малины

Взять: 800 г неочищенной малины, 1 стакан мелкого
сахара, 1 бутылку сбивных сливок, 16 г соли.
800 г неочищенных ягод малины очистить,
протереть сквозь сито, а не сквозь решето,
потому что иначе протрутся и зернышки.
Сбить, выйдет 400 г малинового пюре.
Смешать его с 200 г сахара, но не более, иначе
не заморозится. Влить в мороженицу, заморозить.
Сбить в густую пену бутылку густых сливок, смешать
с пюре. Перелить в форму, накрыть крышкою, засыпать
льдом и солью на 2—4 часа, т.е. до самой подачи к столу.
Выложить на блюдо на салфетку.
Для парфе употребляются специальные формы.
На дне делается винт, отвернув который надо дунуть
в отверстие, и парфе выходит их формы, не будучи
смоченной горячей водой.

Сбитые сливки с бисквитами

Полбутылки густых сливок сбить в густую пену,
всыпать $1/2$ стакана самого мелкого, просеянного сахара.
Для вкуса можно прибавить лимонной цедры или
с сахаром истолченной ванили, переложить на круглое
блюдо, обложить длинными бисквитами,
которые подаются к шоколаду.

Пломбир сливочный

Взять: 2 стакана густых сливок, 5 желтков,
1 стакан жидких сливок, около 200 г сахара,
2 см (палочки) ванили, 100—200 г цуката, 8 г соли.
Желтки, сахар, мелко наломанную ваниль и
1 стакан сливок размешать, как можно лучше,
потом поставить в кастрюльке на плиту, мешая
лопаточкою, пока не погустеет, но не дать вскипеть;
процедить в форму, заморозить до половины готовности,
положить, выбивая лопаточкою, цукат или истолченной
лимонной цедры, смешать с 2 стаканами сбитых сливок,
размешать; за 2 часа до подачи засыпать льдом и солью.

Л. Н. Толстой. «Анна Каренина»

На террасе собралось все женское общество. Они и вообще любили посидеть там после обеда, но нынче там было еще и дело. Кроме шитья распашонок и вязания свивальников, которым все были заняты, нынче там варилось варенье по новой для Агафьи Михайловны методе, без прибавления воды. Кити вводила эту новую методу, употреблявшуюся у них дома. Агафья Михайловна, которой прежде было поручено это дело, считая, что то, что делалось в доме Левиных, не могло быть дурно, все-таки налила воды в клубнику и землянику, утверждая, что это невозможно иначе; она была уличена в этом, и теперь варилась малина при всех, и Агафья Михайловна должна была быть приведена к убеждению, что и без воды варенье выйдет хорошо.

Агафья Михайловна с разгоряченным и огорченным лицом, спутанными волосами и обнаженными по локоть худыми руками кругообразно покачивала тазик над жаровней и мрачно смотрела на малину, от всей души желая, чтоб она застыла и не проварилась. Княгиня, чувствуя, что на нее, как на главную советницу по варке малины, должен быть направлен гнев Агафьи Михайловны, старалась сделать вид, что она занята другим и не интересуется малиной, говорила о постороннем, но искоса поглядывала на жаровню.

— Я на дешевом товаре всегда платья девушкам покупаю сама, — говорила княгиня, продолжая начатый разговор... — Не снять ли теперь пенок, голубушка? — прибавила она, обращаясь к Агафье Михайловне. — Совсем тебе не нужно это делать самой, и жарко, — остановила она Кити.

— Я сделаю, — сказала Долли и, встав, осторожно стала водить ложкой по пенящемуся сахару, изредка, чтоб отлепить от ложки приставшее к ней, постукивая ею по тарелке, покрытой уже разноцветными, желто-розовыми, с подтекающим кровяным сиропом, пенками. «Как они будут это лизать с чаем!» — подумала она о своих детях, вспоминая, как она сама, бывши ребенком, удивлялась, что большие не едят самого лучшего — пенок.

— Ну что, Агафья Михайловна, готово варенье? — сказал Левин, улыбаясь Агафье Михайловне и желая развеселить ее. — Хорошо по-новому?

— Должно быть, хорошо. По-нашему, переварено.

— Оно и лучше, Агафья Михайловна, не прокиснет, а то у нас лед теперь уж растаял, а беречь негде.

— Сделайте, пожалуйста, по моему совету, — сказала старая княгиня, — сверху варенья положите бумажку и ромом намочите: и безо льда никогда плесени не будет.

Варенье из клубники

На 1 кг ягод: 1 кг сахара и 150 мл воды ($^3/_4$ стакана). Ягоды перебрать, очистить от плодоножек и листиков и засыпать в подготовленный сироп.
Посуду встряхнуть, чтобы ягоды полностью погрузились в сироп, поставить на огонь и дать сиропу сильно закипеть, после этого снять пену и через 2—3 минуты снова дать закипеть, повторяя эту операцию два-три раза, а затем, снимая пену, доварить варенье на слабом огне. Когда варенье будет готово, ягоды станут прозрачными и равномерно распределятся в сиропе.

А.С. Пушкин. «Роман в письмах»

Я познакомился с семейством ***. Отец балагур и хлебосол. Мать толстая, веселая баба, большая охотница до виста, дочка стройная, меланхолическая девушка лет семнадцати, воспитанная на романах и на чистом воздухе. Она целый день в саду или в поле с книгой в руках, окружена дворными собаками, говорит о погоде нараспев и с чувством подчует вареньем.

Варенье из слив, абрикосов

На 1 кг слив: 2 кг сахара и 400 мл (около 2 стаканов) воды; для абрикосов — 1,5 кг сахара и 400 мл воды.
У слив удалить плодоножки, плоды наколоть и опустить на 10 минут в горячую воду при температуре 85°С, после чего охладить.
Абрикосы можно варить как в целом виде, так и половинками. Подготовленные плоды опустить на 3—5 минут в горячую воду при температуре 85—90°С, после чего охладить, лучше всего в проточной воде. Если абрикосы будут использоваться в целом виде, то перед погружением в горячую воду их также следует наколоть. Подготовленные сливы или абрикосы залить горячим сиропом и в таком виде оставить на 3—4 часа, а затем сварить до готовности.

Плоды в целом виде рекомендуется варить в четыре приема. Время выстаивания между варками должно быть для слив — 8 часов, а для абрикосов — 12 часов.

Варенье из груш

На 1 кг груш: 1,5 кг сахара.

Крепкие, неперезрелые груши очистить от кожицы, разрезать на дольки (удалив сердцевину), положить в кастрюлю, залить холодной водой так, чтобы она только покрыла груши, и варить, пока они не станут мягкими. В посуду для варки варенья положить сахар, залить 2 стаканами отвара, полученного при варке груш, размешать и дать вскипеть. В горячий сироп опустить приготовленные груши и при слабом кипении варить до готовности.

С. Т. Аксаков. «Семейная хроника»

После обеда перешли в гостиную, где два стола были уставлены сластями. На одном столе стоял круглый, китайского фарфора, *конфетный прибор* на круглом же железном подносе, раззолоченном и раскрашенном яркими цветами; прибор состоял из каких-то продолговатых ящичков с крышками, плотно вставляющихся в фарфоровые же перегородки; в каждом ящичке было варенье: малинное, клубничное, вишенное, смородинное трех сортов и костяничное, а в середине прибора, в круглом, как бы небольшом соуснике, помещался сухой розовый цвет. Этот конфетный сервиз, который теперь считался бы драгоценной редкостью, прислал в подарок свояку Николай Федорыч Зубин. Другой стол был уставлен тарелочками с белым и черным кишмишем, урюком, шепталой, финиками, винными ягодами и с разными орехами: кедровыми, грецкими, рогатыми, фисташками и миндалем в скорлупе.

Варенье из черной смородины

На 1 кг ягоды: 1,5 кг сахара и 200 мл (около стакана) воды. Ягоды перебрать, удалить плодоножки и сухие остатки цветка. Ягоды черной смородины имеют толстую и плотную кожицу, поэтому они сравнительно медленно пропитываются сиропом и при неправильной варке становятся жесткими и сморщенными.

Чтобы избежать этого, ягоды предварительно, до варки варенья, следует прокипятить в воде в течение 3 минут, после этого охладить в воде, а воду слить.

Подготовленные таким образом ягоды опустить в кипящий сироп и варить при непрерывном кипении в течение 5—8 минут, снимая пену.

В дальнейшем варку производить при слабом кипении, наблюдая, чтобы варенье не пригорело.

Варенье из клюквы, брусники

На 1 кг ягод: 2 кг сахара и 150 мл ($^3/_4$ стакана) воды. Ягоды клюквы или брусники освободить от посторонних примесей, промыть 2—3 раза в чистой холодной воде, а затем, засыпав в кипящую воду, проварить в течение 10—15 минут, чтобы размягчить имеющуюся у ягод плотную кожицу, охладить и опустить в подготовленный сироп.

Варку варенья следует вести при непрерывном кипении сиропа, чтобы процесс варки закончить возможно быстрее.

Варенье из вишни, черешни

На 1 кг вишни или черешни: 1,5 кг сахара и
150 мл ($^3/_4$ стакана) воды или отвара из косточек.
У плодов удалить плодоножки и косточки. Косточки от
вишни залить холодной водой так, чтобы вода их покрыла,
дать вскипеть, после того процедить и на полученном
отваре сварить сироп.
Подготовленные ягоды залить горячим сиропом и в таком
виде оставить на 3—4 часа. После этого варенье сварить
до готовности.
Варенье из вишни или черешни можно варить и
с косточками, в этом случае плоды предварительно
накалывают.

Н. В. Гоголь. «Повесть о том, как поссорился Иван Иванович с Иваном Никифоровичем»

Прекрасный человек Иван Иванович! Он очень любит дыни. Это его любимое кушанье. Как только отобедает и выйдет в одной рубашке под навес, сейчас приказывает Гапке принести две дыни. И уже сам разрежет, соберет семена в особую бумажку и начнет кушать. Потом велит Гапке принести чернильницу и сам, собственною рукою, сделает надпись над бумажкою с семенами: «Сия дыня съедена такого-то числа». Если при этом был какой-нибудь гость, то: «Участвовал такой-то».

Дыня

Дыня — овощ из семейства тыквенных. Дыня содержит большое количество воды. Содержание сахара колеблется в разных сортах от 8 до 17%. Наиболее сладкий сорт — «колхозница». Сахар дыни представлен не фруктозой, а сахарозой. Дыня содержит витамин С, фолиевую кислоту и каротин — провитамин А. Дыня содержит незначительное количество минеральных солей.

Дыня рекомендуется людям, страдающим сердечно-сосудистыми заболеваниями, болезнями печени и почек. Из дыни можно варить вкусное и ароматное варенье. Ее также сушат, вялят и маринуют. Маринованная дыня служит хорошей закуской, она может быть гарниром к мясным блюдам.

Маринованная дыня

Дыню обмыть, разрезать, удалить семена, очистить и нарезать мякоть кубиками.

Маринад: стакан столового уксуса разбавляют стаканом воды, кладут $3/4$ стакана сахара, 2—3 гвоздики, несколько горошин душистого перца, $1/2$ ч. л. соли. Можно добавить также 2 ст. л. меда и корицы на кончике ножа.

Все это кипятят в эмалированной кастрюле, остужают и процеживают.

Кубики дыни сложить в литровые или пол-литровые банки, залить маринадом, прикрыть банки крышками для консервирования, поставить в глубокую кастрюлю с водой и кипятить в течение часа.

После этого укупорить банки.

Салат «Праздничный»

300 г спелой дыни, 300 г спелого арбуза, 1 гроздь черного винограда, 100 г ядер грецких орехов, 1 лимон, 100 г сахарной пудры, 100 г коньяка.

Дыню и арбуз нарезать кубиками, ядра грецких орехов измельчить, лимон нарезать вместе с цедрой, удалив семечки, все перемешать, добавить ягоды черного винограда. Для того чтобы оформить салат, берут целый арбуз (или дыню) и вырезают из него вазу в виде корзины с ручкой.

Мякоть удаляют и используют для приготовления салата. Готовый салат помещают в корзину из арбузной корки, посыпают сахарной пудрой, заправляют коньяком и ставят на 1 час в холодильник.

И. А. Бунин. «Антоновские яблоки»

Вспоминается мне ранняя погожая осень. Август был с теплыми дождиками, как будто нарочно выпадавшими для сева, — с дождиками в самую пору, в средине месяца, около праздника св. Лаврентия. А «осень и зима хороши живу, коли на Лаврентия вода тиха и дождик». Потом бабьим летом паутины много село на поля. Это тоже добрый знак: «Много тенетника на бабье лето — осень ядреная»... Помню раннее, свежее, тихое утро... Помню большой, весь золотой, подсохший и поредевший сад, помню кленовые аллеи, тонкий аромат опавшей листвы и — запах антоновских яблок, запах меда и осенней свежести. Воздух так чист, точно его совсем нет, по всему саду раздаются голоса и скрип телег. Это тархане, мещане-садовники, наняли мужиков и насыпают яблоки, чтобы в ночь отправлять их в город — непременно в ночь, когда так славно лежать на возу, смотреть в звездное небо, чувствовать запах дегтя в свежем воздухе и слушать, как осторожно поскрипывает в темноте длинный обоз по большой дороге. Мужик, насыпающий яблоки, ест их с сочным треском одно за другим, но уж таково заведение — никогда мещанин не оборвет его, а еще скажет:

— Вали, ешь досыта, — делать нечего! На сливанье все мед пьют.

Войдешь в дом и прежде всего услышишь запах яблок, а потом уж другие: старой мебели красного дерева, сушеного липового цвета, который с июня лежит на окнах... Во всех комнатах — в лакейской, в зале, в гостиной, — прохладно и сумрачно: это оттого, что дом окружен садом, а верхние стекла окон цветные: синие и лиловые. Всюду тишина и чистота, хотя, кажется, кресла, столы с инкрустациями и зеркала в узеньких и витых золотых рамах никогда не трогались с места. И вот слышится покашливанье: выходит тетка. Она небольшая, но тоже, как и все кругом, прочная. На плечах у нее накинута большая персидская шаль. Выйдет она важно, но приветливо, и сейчас же, под бесконечные разговоры про старину, про наследство, начинают появляться угощения: сперва «дули», яблоки — антоновские, «бельбарыня», боровинка, «плодовитка», — а потом удивительный обед: вся насквозь розовая вареная ветчина с горошком, фаршированная курица, индюшка, маринады и красный квас — крепкий и сладкий-пресладкий... Окна в сад подняты, и оттуда веет бодрой осенней прохладой...

Очень вкусный крем из сушеных яблок

Взять: $^1/_2$ стакана мелкого сахара, 100 г сушеных яблок, 1 стакан густых сливок, 6 листочков желатина.

Взять 100 г лучших сушеных яблок, налить водою, разварить, протереть сквозь сито, взять этой массы 1,5 стакана, всыпать с $^1/_2$ стакана сахара, смотря по вкусу, потому что яблоки эти очень сладки, мешать, чтобы масса хотя немного побелела и погустела. Сбить на льду метелкою 1 стакан густых сливок; смешать с яблоками, не переставая сбивать; влить $^1/_4$ стакана теплого желатина, выбить хорошенько, переложить в форму, поставить на лед. В яблоки можно положить или цедры лимонной, или $^1/_2$ рюмки рома.

В. Винстер *«Вывеска»*

Вывеска для бакалейной лавки

В. М. Максимов «*Все в прошлом*»

«*Сбитенщик*»

А. Т. Акопян *«Натюрморт с чесноком»*

В. А. Серов *«Девочка с персиками»*

М. Сарьян *«Натюрморт»*

Т. Ф. Нариманбеков «На полевом стане»

Вывеска для хлебной лавки

Б. М. Кустодиев *«Купчиха за чаем»*

Б. М. Кустодиев *«Московский трактир»*

Н. Н. Сапунов *«Чаепитие»*

И. Э. Грабарь *«Груши»*

А. М. Герасимов *«Семейный портрет»*

И. И. Машков «Снедь московская: хлебы»

Пекарня на Невском проспекте в Санкт-Петербурге

И. И. Машков «Хлеб»

С. В. Иванов «Приезд иностранцев, XVII век»

Б. М. Кустодиев «*Портрет Федора Шаляпина*»

Б. М. Кустодиев «*Масленица*»

И. И. Машков «*Натюрморт*»

И. И. Машков *«Натюрморт. Ананасы»*

Вывеска для фруктовой лавки

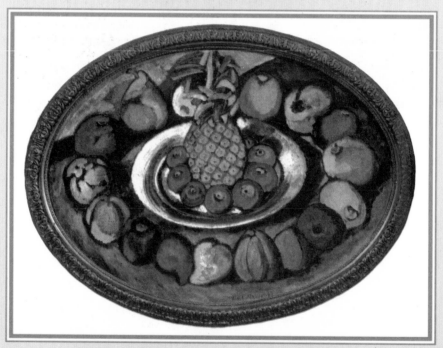

И. И. Машков «Натюрморт с ананасом»

Вывески для фруктовой, овощной и хлебной лавок

В. Г. Перов «*Чаепитие*»

Вывеска для хлебной лавки

С. Т. Аксаков. «Детские годы Багрова-внука»

Наконец поспела полевая клубника, и ее начали приносить уже не чашками и бураками, но ведрами.

Бабушка, бывало, сидит на крыльце и принимает клубнику от дворовых и крестьянских женщин. Редко она хвалила ягоды, а все ворчала и бранилась. Мать очень любила и дорожила полевой клубникой. Она считала ее полезною для своего здоровья и употребляла как лекарство по нескольку раз в день, так что в это время мало ела обыкновенной пищи. Нам с сестрой тоже позволяли кушать клубники сколько угодно. Кроме всех других хозяйственных потребностей, из клубники приготовляли клубничную воду, вкусом с которой ничто сравниться не может.

Сироп из полевой земляники для питья или для мороженого

Взять большую банку, насыпать в нее слой мелкого сахара, потом слой ягод вчетверо толще слоя сахара, потом опять сахар, и таким образом, пока не наполнится банка, верхний слой должен быть из сахара. Тогда обвязать банку бумагой, поставить на солнце, на два дня, не более, чтобы сахар разошелся; тогда все переложить на сито и в тот сок, который стечет, положить еще столько же сахара, сколько насыпано было в банку, размешать хорошенько, разлить в бутылки, закупорить самыми лучшими бархатными пробками, которые прежде разварить до мягкости, потом засмолить, приготовив смолу пополам с салом, потому что она тогда не так трескается. Приготовляя сироп этот для питья, разливать его в маленькие бутылочки, чтобы не стоял долго откупоренным. Бутылки класть боком в ящик и до морозов держать на льду, а потом в винном погребе.

И.С. Шмелев. «Лето Господне»

Ужин был невиданно парадный.

Было — «как у графа Шереметьева», расстарался Фирсанов наш. После заливных, соусов-подливок, индеек с рябчиками-гарниром, под знаменитым рябчичным соусом Гараньки; после фаршированных каплунов и новых для нас фазанов — с тонкими длинными хвостами на пружинке, с брусничным и клюквенным желе, — с Кавказа фазаны прилетели! — после филе дикого кабана на вертеле, подали — вместо «удивления»! — по заказу от Абрикосова, вылитый из цветных леденцов душистых, в разноцветном мороженом, светящийся изнутри — *живой* «Кремль»! Все хвалили отменное мастерство.

Фруктовое желе

Желе готовят из фруктов, которые содержат большое количество растительного желатина (пектина).

Сырой или полученный при помощи соковарки сок взвесить, добавить сахар (на каждые 500 г сока из яблок берут 250 г сахара, из айвы — 300, из брусники или смородины — 375, на 500 г сока из вишни, клубники, малины — 500 г сахара), прокипятить.

Если капля проваренного сока не растекается по наклоненной поверхности охлажденной тарелки, желе готово. Лучше кипятить небольшое количество сока (до 0,5 л) — желе будет вкуснее.

Горячее желе разлить в подогретые банки, накрыть их чистым полотенцем, оставить на один день.

Банки с затвердевшим желе закрыть пергаментной бумагой или целлофаном, хранить в прохладном месте.

С. Т. Аксаков. «Детские годы Багрова-внука»

Давно уже поспела полевая клубника, лакомиться которою позволяли нам вдоволь. Мать сама была большая охотница до этих ягод, но употреблять их при кумысе доктора запрещали. Вместо прежних бесцельных прогулок мать стала ездить в поле по ягоды, предпочтительно на залежи. Это удовольствие было для меня совершенно неизвестно и сначала очень мне нравилось, но скоро наскучило; все же окружающие меня, и мужчины, и женщины, постоянно занимались этим делом очень горячо. Мы ездили за клубникой целым домом, так что только повар Макей оставался в своей кухне, но и его отпускали после обеда, и он всегда возвращался уже к вечеру с огромным кузовом чудесной клубники. У всякого была своя посуда: у кого ведро, у кого лукошко, у кого бурак, у кого кузов. Мать обыкновенно скоро утомлялась собираньем ягод и потому садилась на дроги, выезжала на дорогу и каталась по ней час и более, а потом заезжала за нами; сначала мать каталась одна или с отцом, но через несколько дней я стал проситься, чтобы она брала меня с собою, и потом я уже всегда ездил прогуливаться с нею.

Желе

Желе — варенье без огня.
Очистить ягоды, выжать из них сок, но не протирать сквозь сито; на 400 г этого сока взять 400 г сахара, мешать лопаткою все в одну сторону, подсыпая понемногу отвешенного сахара, через 2—3 часа сделается желе совершенно подобно вареному, но с несравненно лучшим ароматом, подается вместо десерта.

Кисель из клубники, земляники и других ягод

Клубнику перебрать, очистить, промыть и протереть сквозь сито. В кастрюлю влить 2,5 стакана горячей воды, положить сахар и размешать.
Полученный сироп вскипятить, заварить разведенной картофельной мукой и дать еще раз вскипеть.
В горячий кисель положить ягодное пюре и хорошо размешать.
Так же приготовляют кисели из земляники, малины, черники.
Клубники — 1 стакан, сахару —$3/4$ стакана, картофельной муки — 2 ст. л.

И.С. Шмелев. «Пути Небесные»

В тот день Виктор Алексеевич у обедни не был: обедню служили раннюю, — причту надо было ходить по приходу, славить, — и Даринька пожалела его будить. Когда он вышел из спальни, одетый для визитов, парадный, свежий, надушенный одеколоном, — в белой зале стояло полное Рождество: от ясного зимнего утра и подкрахмаленных свежих штор было голубовато-празднично; в переднем углу пушилась в сверканьях елка, сквозь зелень и пестроту которой светил огонек лампадки; по чистому паркету легли бархатные ковровые дорожки; у зеркально-блестящей печки с начищенными отдушниками была накрыта богатая закуска, граненые пробки радужно отражались в изразцах, на круглом столе посередине все было сервировано для кофе — на Рождество всегда подавалось кофе — и сдобно пахло горячим пирогом с ливером. Виктор Алексеевич благостно оглянул все это, и на него повеяло лаской детства, запахами игрушек, забытыми словами, голосами... вспомнилась матушка, как она, в шелковом пышном платье, в локонах по щекам, в кружевах с лентами, мягко идет по коврику, несет, загадочно улыбаясь, заманчивые картонки с таинственными игрушками... — и увидал прелестную голубую Дариньку. Она несла на тарелке с солью тот самый, ихний, пузатый медный кофейник, похожий на просфору, в каких носят за батюшкой просвирни святую воду. Он обнял ее стремительно, вскрикнувшую в испуге, — «да уроню же... дай поста!..» — заглушив слова страстным и нежным шепотом. Даринька была голубая, кружевная, воздушная, празднично-ясноглазая, душистая — пахла весенним цветом, легкими тонкими духами, купленными в английском магазине.

Кофе

На фунт кофе берется $1/4$ фунта цикория. Кофе жарить не на сковороде, а в закрытой жаровне, беспрестанно ее потряхивая. Когда он приобретет темно-каштановый цвет и покроется влагой, значит, готов, остерегаться пережарить. Чтобы придать кофе лучший вкус, прибавлять по 2 ст. л. несоленого сливочного масла на каждый фунт кофе.

Перед окончанием жарки посыпать горячие зерна мелко истолченным сахаром. Сахар пригорает и образует вокруг зерна оболочку, хорошо защищающую его от потери ароматических веществ.

Молоть кофе лучше по мере надобности, понемногу и перед самым употреблением. Его лучше толочь, чем молоть, чем мельче, тем лучше.

Сохранять в жестянках или стеклянных банках, герметически закупоренных.

На каждую чашку берется полная чайная ложка смеси кофе с цикорием.

Всыпать в кофейник, во фланелевом мешочке, залить смеренным кипятком, поставить на плиту,

когда закипит — отставить, влить тотчас ложку холодной воды. Когда кофе осядет, опять поставить на плиту.

Когда закипит, отставить, влить ложку холодной воды; опять дать закипеть; отставить, дать отстояться и подавать.

Из 1 фунта кофе и $1/4$ фунта цикория выходит 40 чашек кофе.

Подавая кофе, кладут в чашку по полной ложке взбитых сливок. Если в кофе добавить $1/8$ чайной ложки соды, то он делается крепче и вкуснее.

М. М. Зощенко. «Сентиментальные повести»

С лов нет, жизнь нашего Володина переменилась к лучшему. Из проходной, неуютной комнаты он переехал в дивную спальню с разными этажерками, подушками и статуэтками.

Кроме того, питаясь раньше плохо и скромно всякими огрызками и требухой, он и тут остался в крупном выигрыше. Он кушал теперь разные порядочные блюда — супы, мясо, фрикадельки, помидоры и так далее. Кроме того, раз в неделю, вместе со всей семьей, он пил какао, удивляясь и восторгаясь этому жирному напитку, вкус которого он позабыл за восемь-девять лет своей походной и неуютной жизни.

Какао

Какао оказывает не менее стимулирующее воздействие, чем кофе. Заваривают его обязательно вначале водой, а уж затем добавляют горячее молоко (ни в коем случае не наоборот, иначе напиток плохо усваивается). Сахар положите по вкусу.

Пироги, торты, пирожные

И.С. Шмелев. «Лето Господне»

У Муравлятникова пылают печи. В проволочное окошко видно, как вываливают на белый широкий стол поджаристые баранки из корзины, из печи только. Мальчишки длинными иглами с мочальными хвостами ловко подхватывают их в вязочки.

— Эй, Мураша... давай-ко ты нам с ним горячих вязочку... с пылу, с жару, на грош пару!

Сам Муравлятников, борода в лопату, приподнимает сетку и подает мне первую вязочку горячих.

— С Великим постом, кушайте, сударь, на здоровьице... самое наше постное угощенье — бараночки-с.

Я радостно прижимаю горячую вязочку к груди, у шеи. Пышет печеным жаром, баранками, мочалой теплой. Прикладываю щеки — жжется. Хрустят, горячие. А завтра будет чудесный день! И потом, и еще потом, много-много, — и все чудесные.

В. А. Гиляровский.
«Москва и москвичи»

Черный хлеб, калачи и сайки ежедневно отправляли в Петербург к царскому двору. Пробовали печь на месте, да не выходило, и старик Филиппов доказывал, что в Петербурге такие калачи и сайки не выйдут.

— Почему же?

— И очень просто! Вода невская не годится!

Кроме того — железных дорог тогда еще не было, — по зимам шли обозы с его сухарями, калачами и сайками, на соломе испеченными, даже в Сибирь. Их как-то особым способом, горячими, прямо из печи, замораживали, везли за тысячу верст, а уж перед самой едой оттаивали — тоже особым способом, в сырых полотенцах, — и ароматные, горячие калачи где-нибудь в Барнауле или Иркутске подавались на стол с пылу, с жару.

Калачи на отрубях, сайки на соломе... И вдруг появилась новинка, на которую покупатель набросился стаей, — это сайки с изюмом...

— Как вы додумались?

— И очень просто! — отвечал старик.

Вышло это действительно даже очень просто.

В те времена всевластным диктатором Москвы был генерал-губернатор Закревский, перед которым трепетали все. Каждое утро горячие сайки от Филиппова подавались ему к чаю.

— Эт-то что за мерзость! Подать сюда булочника Филиппова! — заорал как-то властитель за утренним чаем.

Слуги, не понимая, в чем дело, притащили к начальству испуганного Филиппова.

— Эт-то что? Таракан?! — И сует сайку с запеченным тараканом. — Эт-то что?! А?

— И очень даже просто, ваше превосходительство, — поворачивает перед собой сайку старик.

— Что-о?.. Что-о?.. Просто?!

— Это изюминка-с!

И съел кусок с тараканом.

— Врешь, мерзавец! Разве сайки с изюмом бывают? Пошел вон!

Бегом вбежал в пекарню Филиппов, схватил решето изюма да и в саечное тесто, к великому ужасу пекарей, и ввалил.

Через час Филиппов угощал Закревского сайками с изюмом, а через день от покупателей отбоя не было.

Плетенки или булочки с шафраном и изюмом

Растворить тесто из 2 ¼ стакана теплой воды, соли, 8—12 г сухих дрожжей и 2 ¼ стакана муки; дать подняться; положить тогда ½ стакана сахара, добела растертого с 1,5 ложки прованского масла, всыпать $1/2$ ложки высушенного и мелко истолченного шафрана, настоянного в рюмке воды или водки, всыпать муку, вымесить так, чтобы тесто от рук отставало; всыпать тогда 200 г, т.е. 1 и $1/2$ стакана, вымытого и вытертого изюма, дать подняться тесту во второй раз; делать маленькие булочки и плетенки, посыпать сахаром, вставить в печь.

И. С. Шмелев. «Лето Господне»

И вдруг закричали с улицы: «Парадное отворяй, несут!..» А это крендель несут!..

Глядим в окошко, а на улице народу!!! — столько народу, из лавок и со дворов бегут, будто икону принимаем, а огромный румяный крендель будто плывет над всеми. Такой чудесный, невиданный, вкусный-вкусный, издали даже вкусный.

Впереди Горкин, держит подставочку; за ним четверо, все ровники: Василь Василич с Антоном Кудрявым и Ондрейка с катальщиком Сергеем, который самый отчаянный, задом умеет с гор на коньках скатиться. Разноцветные ленты развеваются со щита под кренделем, и кажется, будто крендель совсем живой, будто дышит румяным пузиком.

— И что такое они придумали, чудачье!.. — вскрикивает отец и бежит на парадное крыльцо.

Мы глядим из сеней в окошко, как крендель вносят в ворота и останавливаются перед парадным. Нам сверху видно сахарные слова на подрумянке: «Хозяину Благому».

А на вощеной дощечке сияет солнцем — «... на день *Ангела*».

Отец обнимает Горкина, Василь Василича, всех... и утирает глаза платочком. И Горкин, вижу я, утирает, и Василь Василич, и мне самому хочется от радости заплакать.

Крендель вносят по лестнице в большую залу и приставляют полого на рояле, к стенке. Глядим — и не можем наглядеться, — такая-то красота румяная! И по всем комнатам разливается сдобный, сладко-миндальный дух. Отец всплескивает руками и все говорит:

— Вот это дак уважили... ах, ребята... уважили!..

Крендели
Взять 3 кг муки, $^3/_4$ стакана дрожжей, воды соленой стакана 4, замесить тесто довольно густое, дать слегка подняться, потом выбить тесто хорошенько, опять дать подняться; тогда делать крендели, опускать их в кипяток, вынимать палочкою или дуршлаговою ложкою те, которые всплывут наверх, класть их на доску и в печь; когда с одной стороны подрумянятся, перевернуть их на другую сторону.

Витушка, плетенка
Изготавливаются из сдобного, т.н. «пробитого» теста. Суть пробития в том, что из теста сильным ударом тыльной стороны правой ладони выбить воздух, углекислый газ, а затем уже раскатывать жгуты.
Если из теста не удалить воздух, то во время выпечки изделие может покрыться пузырями и будет испорчен его внешний вид.
Итак, тесто разделить на куски строго равного размера, пробить, раскатать одинаковой длины жгуты.

Форма жгутов должна быть чуть утолщенной в центре,
с нисходящими на нет концами.
Изделие можно посыпать сахаром, тмином, маком и т.д.
Витушка выполняется из двух жгутов, перевитых
в виде веревочки.
Плетенка изготавливается из трех жгутов,
косичкой.

Л. Н. Толстой. «Война и мир»

— Мама! — прозвучал по всему столу ее детски-грудной голос.

— Что тебе? — спросила графиня испуганно, но, по лицу дочери увидев, что это была шалость, строго замахала ей рукой, делая угрожающий и отрицательный жест головой.

Разговор притих.

— Мама! какое пирожное будет? — еще решительнее, не срываясь, прозвучал голосок Наташи.

Графиня хотела хмуриться, но не могла. Марья Дмитриевна погрозила толстым пальцем.

— Казак! — проговорила она с угрозой.

Большинство гостей смотрели на старших, не зная, как следует принять эту выходку.

— Вот я тебе! — сказала графиня.

— Мама! что, пирожное будет? — закричала Наташа уже смело и капризно-весело, вперед уверенная, что выходка ее будет принята хорошо.

Соня и толстый Петя прятались от смеха.

— Вот и спросила, — прошептала Наташа маленькому брату и Пьеру, на которого она опять взглянула.

— Мороженое, только тебе не дадут, — сказала Марья Дмитриевна.

Наташа видела, что бояться нечего, и потому не побоялась и Марьи Дмитриевны.

— Марья Дмитриевна! какое мороженое? Я сливочное не люблю.

— Морковное.

— Нет, какое? Марья Дмитриевна, какое? — почти кричала она. — Я хочу знать.

Марья Дмитриевна и графиня засмеялись, и за ними все гости. Все смеялись не ответу Марьи Дмитриевны, но непостижимой смелости и ловкости этой девочки, умевшей и смевшей так обращаться с Марьей Дмитриевной.

Наташа отстала только тогда, когда ей сказали, что будет ананасное. Перед мороженым подали шампанское. Опять заиграла музыка, граф поцеловался с графинюшкою, и гости, вставая, поздравляли графиню, через стол чокались с графом, детьми и друг с другом. Опять забегали официанты, загремели стулья, и в том же порядке, но с более красными лицами, гости вернулись в гостиную и кабинет графа.

Безе

Когда плита уже будет переставать топиться, взять четыре самых свежих белка, сбить в густую пену, всыпать сквозь ситечко 1 стакан просеянного сахара, осторожно размешать, класть десертною ложкою, ровненько продолговатыми сглаженными кучками, на чистую писчую

бумагу, положенную на железный лист, вставить в духовую
не очень уже горячую печь, в которой и оставить
до следующего дня, чтобы подсохли.

Пирожное «Наполеон»

100 г сливочного масла растереть добела,
всыпать $1/4$ стакана толченого миндаля, $1/3$ стакана сахара,
$1/2$ стакана сметаны, размешать все как можно лучше,
подсыпая постепенно 2,5 стакана муки, чтобы тесто можно
было раскатать на столе толщиной на тупую сторону ножа,
затем нарезать пирожное разными фигурками, помазать
яйцом, посыпать миндалем и сахаром, поставить в духовку.

Торт английский

400 г сливочного масла тереть добела, всыпать
400 г сахара, не переставая мешать, всыпать понемногу
500 г муки, вбить 8 яиц, прибавить 10—12 штук горького
миндаля или лимонной цедры для запаха, раскатать тесто
на два коржа и поставить в духовку.
Когда они будут готовы, намазать один корж густым
клюквенным сиропом или мармеладом, сверху положить
второй корж и поставить в духовку еще на 10 минут.

Торт миндальный

400 г очищенного сладкого миндаля мелко истолочь
в ступке, прибавляя понемногу воды, переложить в другую
емкость, добавить 400 г сахара, 1 ложку масла,
цедру с половины лимона, 1 ложку муки, хорошенько
перемешать, вбивая по одному 13 желтков.
Большую половину этой массы сложить в форму, покрыть
вареньем без сока, смородиной или барбарисом;
из остального теста сделать решетку на торте, кругом
обложить узеньким кантом, посыпать не очень мелким
сахаром, испечь в духовке.

Торт венский миндальный

400 г растопленного сливочного масла взбить
веселкой добела, всыпать 400 г сахарного песку,
400 г сладкого миндаля, 30 штук истолченного
горького миндаля, вбить 6 яиц, подсыпая понемногу
400 г муки. Мешать не переставая в течение часа.

Вырезать 6 кружков из пергаментной бумаги, намазать приготовленную массу ножом, сложить на лист, поставить в духовку. Когда коржи испекутся, намазать каждый корж вареньем, сложить друг на друга, верхний корж оглазировать и поставить на несколько минут в духовку.

М. А. Булгаков. «Записки покойника» («Театральный роман»)

— Ермолай Иванович, у нас найдется что-нибудь пообедать?

Кудесник Ермолай Иванович в ответ на это поступил так: закатил глаза под лоб, потом вернул их на место и послал мне молящий взгляд.

— Или, может быть, какие-нибудь напитки? — продолжал угощать меня Иван Васильевич. — Нарзану? Ситро? Клюквенного морсу? Ермолай Иванович! — сурово сказал Иван Васильевич. — У нас достаточные запасы клюквы? Прошу вас строжайше проследить за этим.

Ермолай Иванович в ответ улыбнулся застенчиво и повесил голову.

— Ермолай Иванович, впрочем... гм... гм... маг. В самое отчаянное время он весь театр поголовно осетриной спас от голоду! Иначе все бы погибли до единого человека. Актеры его обожают!

Ермолай Иванович не возгордился описанным подвигом, и, напротив, какая-то мрачная тень легла на его лицо.

Ясным, твердым, звучным голосом я сообщил, что и завтракал и обедал, и отказался в категорической форме и от нарзана и клюквы.

— Тогда, может быть, пирожное? Ермолай Иванович известен на весь мир своими пирожными!..

Торт «Медовый»

Замесить тесто и поставить в теплое место
на 8—10 часов (лучше замесить с вечера, а утром печь).
Перед выпечкой разделить тесто на 4 части, раскатать
каждый корж отдельно.
Они очень быстро пекутся и легко сходят с противня.
Коржи: 2 яйца, 100 г меда, 100 г сахарного песка,
1,5 ч. л. соды, 3—4 граненых стакана муки.
Крем: взбить 300 г сметаны со стаканом сахарного песка.
Промазать кремом все коржи, кроме верхнего.
Верх украсить помадкой.
Помадка: $1/_2$ стакана сахарного песка, 1 ст. л. какао,
3 ст. л. молока, 50 г сливочного масла. Все хорошо
размешать и варить на медленном огне 8—10 минут.
После закипания положить масло, взболтать и полить этой
смесью.

Баба шоколадная

Взять 60 желтков, всыпать 1,5 стакана стертого на терке
шоколаду, бить полчаса, всыпать 1,5 стакана сахару,
3 стакана муки, бить полчаса, влить $1/_4$ стакана дрожжей
и еще бить полчаса. Залить 3-ю часть формы, поставить
в теплое место, дать взойти на столько, сколько было
положено теста. Поставить на 1 час в духовку.

П. Мельников-Печерский. «В лесах»

И для крестьян, и для почетных гостей кутьи наварили, блинов напекли, киселя наготовили... Кутья на всех одна была, из пшена сорочинского с изюмом да с сахаром; блины в семи печах пеклись, чтобы всем достались горяченькие: в почетные столы пекли на ореховом масле, в уличные — на маковом, мирским с икрой да со снетками, скитским с луком да с солеными груздями. Кисели готовила Никитишна разные: почетным гостям — пшеничные с миндальным молоком, на улицу — овсяные с медовóй сытóй. Стерляжья уха на красный стол сварилась жирная, янтарная; тертые расстегаи вышли диковинные... Опричь того, сготовила Никитишна ботвинью борщевую с донским балыком да со свежей осетриной, двухаршинные сочные кулебяки, пироги подовые с молóками да с вязигой, пироги долгие с тельным из щуки, пироги вислые с семгой да с гречневой кашей, судаки под лимоны, белужью тешку с хреном да с огурцами, окуней в рассоле, жареных лещей с карасями, оладьи с медом, левашники с малиновым вареньем... А келейницам похлебка была из тебеки со свежими грибами, борщ с ушками, вареники с капустой, тертый горох, каравай с груздями, пироги с зеленым луком, да хворосты и оладьи, дыни в патоке и много другой постной яствы.

Хворост обыкновенный

Взять 2 яйца, $1/4$ стакана воды, 1,5 ложки водки или рома, $1/4$ стакана сахара, около 2,5 стакана муки, замесить крутое тесто, раскатать очень тонко, нарезать полосками, прорезать середину, вывернуть один конец или три узенькие полоски сплести вместе, жарить в масле.

Состав: 2 яйца, 1,5 ложки водки или рома, $1/4$ стакана сахара, 3 стакана муки, 600 г растительного масла, молотой корицы. Выйдет хвороста целое блюдо.

Хворост любых видов жарится одинаково.

В кастрюлю средней величины налить масло и ложку хорошей водки. Опускать по нескольку печений сразу дуршлачной ложкой в кастрюлю.

Вынимать той же ложкой, когда хворост подрумянится, и откидывать его на решето, посыпая сахарной пудрой. Можно добавить корицы.

Н. В. Гоголь. «Вий»

— Паничи! паничи! сюды! сюды! — говорили они со всех сторон. — Ось бублики, маковники, вертычки, буханци хороши! ей-Богу, хороши! на меду! сама пекла!

Коврижка

В миску насыпать сахар, налить воду и растительное масло, положить мед и прогреть до полного растворения сахара и меда. В остывшую до 30—40°С жидкость всыпать соду, какао или кофе и пряности и тщательно вымешать, чтобы не осталось комков. Добавить орехи, изюм и муку — сколько потребуется, чтобы тесто по густоте напоминало бы хорошую сметану. Выпекать в форме, смазанной маслом и припорошенной мукой. Остывшую коврижку можно разрезать вдоль и прослоить джемом, а сверху покрыть глазурью. Глазурь можно приготовить при наличии растительного маргарина.

Глазурь приготовляется следующим образом: смешать 150 г сахарной пудры с 2 ст. л. порошка какао, 3 ст. л. горячей воды и 2 ст. л. мягкого, комнатной температуры растительного маргарина.

1 стакан сахарного песка, 1 стакан воды, 2 ст. л. меда, 1 ч. л. соды, 2 ст. л. какао (или крепкого кофе), пряности — измельченные: гвоздика, корица, кориандр, по 0,5 стакана изюма и орехов, 0,5 стакана растительного масла, 2 ст. л. масла для смазывания формы.

А. П. Чехов. «Душечка»

Какие мысли были у мужа, такие и у нее. Если он думал, что в комнате жарко или что дела теперь стали тихие, то так думала и она. Муж ее не любил никаких развлечений и в праздники сидел дома, и она тоже.

— И всё вы дома или в конторе, — говорили знакомые. — Вы бы сходили в театр, душечка, или в цирк.

— Нам с Васичкой некогда по театрам ходить, — отвечала она степенно. — Мы люди труда, нам не до пустяков. В театрах этих что хорошего?

По субботам Пустовалов и она ходили ко всенощной, в праздники к ранней обедне и, возвращаясь из церкви, шли рядышком, с умиленными лицами, от обоих хорошо пахло, и ее шелковое платье приятно шумело; а дома пили чай со сдобным хлебом и с разными вареньями, потом кушали пирог. Каждый день в полдень во дворе и за воротами на улице вкусно пахло борщом и жареной бараниной или уткой, а в постные дни — рыбой, и мимо ворот нельзя было пройти без того, чтобы не захотелось есть. В конторе всегда кипел самовар, и покупателей угощали чаем с бубликами. Раз в неделю супруги ходили в баню и возвращались оттуда рядышком, оба красные.

— Ничего, живем хорошо, — говорила Оленька знакомым, — слава Богу. Дай Бог всякому жить, как мы с Васичкой.

Кулебяка

Для начинки: рыбный фарш, $1/2$ стакана отварного риса, 1 головка репчатого лука, обжаренного в растительном масле, 1 натертая на крупной терке и обжаренная в растительном масле морковь.

Тесто для кулебяки готовят немного круче, чем для пирожков. Раскатать тесто продолговатыми кусками шириной 18—20 см и толщиной 1 см. На середину выложить во всю длину фарш, распределив его слоями — рис, затем рыба, морковь и лук. Края теста защипать. Сформованную кулебяку поместить на противень и смазать крепким чаем. Украсить ее тонкими узкими полосками теста, листиками или как-нибудь еще. Проколоть в трех местах ножом, чтобы выходил пар во время выпечки. Фарш из рыбы готовят следующим образом: филе свежей рыбы без костей припустить в небольшом количестве воды 15—20 мин. Готовую рыбу изрубить ножом не очень мелко, добавить соль, перец, обжаренный измельченный лук, можно положить в фарш вареный рис, мелко рубленную зелень и, при необходимости, долить рыбным соусом, в котором припускалась рыба, чтобы начинка была сочной.

А. Н. Толстой. «Петр I»

Мальчики жались ближе к печи, занимавшей половину избы. Заяц разговаривал:

— Выручили вы меня, ребята. Теперь — что хотите просите... Тело мое все избитое, ребра целого нет. Куда я теперь — возьму лоток, пойду торговать? Охти мне... А ведь дело не ждет.

Алексашка опять подмигнул Алешке. Сказал:

— Награды нам никакой не надо, пусти переночевать.

Когда Заяц уполз в баню, мальчики залезли на печь.

— Завтра пойдем вместо него пироги продавать, — шепнул Алексашка, — говорю — со мной не пропадешь.

Чуть свет кривая баба заладила печь тестяные шишки, левашники, перепечи и подовые пироги — постные с горохом, репой, солеными грибами, и скоромные — с зайчатиной, с мясом, с лапшой. Федька Заяц стонал на лавке под тулупом — не мог владеть ни единым членом. Алексашка подмел избу, летал на двор за водой, за дровами, выносил золу, помои, послал Алешку напоить Зайцеву скотину: в руках у него все так и горело, и все — с шуточками.

— Ловкач-парень, — стонал Заяц, — ох, послал бы тебя с пирогами на базар. Так ведь уйдешь с деньгами-то, уворуешь... Больно уж расторопен.

Тогда Алексашка стал целовать нательный крест, что денег не украдет, снял со стены сорок святителей и целовал икону. Ничего не поделаешь — Заяц поверил. Баба уложила в лотки под ветошь две сотни пирогов. Алексашка с Алешкой подвязали фартуки, заткнули рукавицы за пояс и, взяв лотки, пошли со двора.

— Вот, пироги подовые, медовые, полденьги пара, прямо с жара, — звонко кричал Алексашка, поглядывая на прохожих. — Вот, налетай, расхватывай! — Видя стоявших кучкой стрельцов, он приговаривал, приплясывая: — Вот, налетай, пироги царские, боярские, в Кремле покупали, да по шее мне дали, Нарышкины ели, животы заболели.

Стрельцы смеялись, расхватывали пироги. Алешка тоже покрикивал с приговором. Не успели дойти до реки, как пришлось вернуться за новым товаром.

— Вас, ребята, мне Бог послал, — удивился Заяц.

Пирог из постного дрожжевого теста

Дрожжи растворить в $1/2$ стакана теплой воды и поставить в теплое место. Когда дрожжи вспенятся, из указанных продуктов замесить тесто, прикрыть полотенцем и поставить в теплое место. Дважды сделать обминку и сформовать пирог. Тесто для донышка раскатать толщиной 1 см, перенести на противень, смазанный растительным маслом, расправить, уложить начинку. Сверху прикрыть вторым слоем теста, раскатанным потоньше — 7—8 мм, наколоть вилкой. Если начинка сочная, в середине пирога сделать отверстие, чтобы он не лопнул от пара во время выпекания. По желанию можно оставить небольшой кусочек теста, тонко его раскатать и вырезать ножом или формочкой различные украшения — полосочки, листики, ягодки, цветки и т.д. Поверхность пирога смазывают крепким сладким чаем при помощи кисточки, сверху украшают подготовленными фруктами, снова смазывают чаем и выпекают при температуре 180°C до готовности. После выпечки пирог хорошо слегка смазать кисточкой кипяченой водой, накрыть полотенцем и дать «отдохнуть». Очень хорошо ставить тесто не на воде, а на рисовом отваре — тесто тогда получается особенно белым.

1,2 кг муки, 2 стакана теплой воды, 1 стакан растительного масла (можно $3/4$ стакана), 30—40 г дрожжей, 1 ч. л. соли.

Пирог с капустой

Капусту нашинковать соломкой или нарезать квадратиками, потушить в глубокой сковороде под крышкой в растительном масле, добавив небольшое количество воды, и подсолить. Когда капуста станет мягкой, открыть крышку, дать испариться лишней влаге и слегка подрумянить. Остывшей капустой начинить пирог и испечь. Пирог сформовать четырехугольной формы.

Тесто, 1 небольшой кочан капусты, растительное масло, соль.

И. А. Гончаров. «Обломов»

Но главною заботою была кухня и обед. Об обеде совещались целым домом; и престарелая тетка приглашалась к совету. Всякий предлагал свое блюдо: кто суп с потрохами, кто лапшу или желудок, кто рубцы, кто красную, кто белую подливку к соусу.

Всякий совет принимался в соображение, обсуживался обстоятельно и потом принимался или отвергался по окончательному приговору хозяйки.

На кухню посылались беспрестанно то Настасья Петровна, то Степанида Ивановна напомнить о том, прибавить это или отменить то, отнести сахару, меду, вина для кушанья и посмотреть, все ли положит повар, что отпущено.

Забота о пище была первая и главная жизненная забота в Обломовке. Какие телята утучнялись там к годовым праздникам! Какая птица воспитывалась! Сколько тонких соображений, сколько занятий и забот в ухаживанье за нею! Индейки и цыплята, назначенные к именинам и другим торжественным дням, откармливались орехами; гусей лишали моциона, заставляли висеть в мешке неподвижно за несколько дней до праздника, чтоб они заплыли жиром. Какие запасы были там варений, солений, печений! Какие меды, какие квасы варились, какие пироги пеклись в Обломовке!

И так до полудня все суетилось и заботилось, все жило такою полною, муравьиною, такою заметною жизнью.

Пирог из домашней птицы по-графски

1 кг теста слоеного, 500—600 г вареного мяса курицы или индейки, 2 яйца, 2 стакана белого соуса, 1 стакан сливок, 50 г белых сушеных грибов или 10 свежих шампиньонов, 2 рюмки коньяка.

Для соуса: 1 ст. л. сливочного масла, 1 ст. л. пшеничной муки, 2 стакана куриного бульона.

Слоеное тесто раскатать толщиной 0,7—0,8 см, положить ровным слоем начинку, покрыть верхним слоем теста, защипить края, наколоть вилкой, смазать яйцом и выпекать.

Для приготовления соуса сливочное масло разогреть на сковороде, добавить пшеничную муку и, непрерывно помешивая, довести до однородной массы. Затем тонкой струйкой влить куриный бульон при непрерывном помешивании, довести до густоты сметаны и посолить.

В белый соус добавить сливки и 2 желтка, хорошо перемешать, затем присоединить отваренное, хорошо нарезанное белое мясо курицы или индейки, отваренные и так же нарезанные белые грибы или шампиньоны и при непрерывном помешивании довести на легком огне до загустения, после чего охладить. В охлажденную начинку добавить 2 рюмки коньяка или рома, приправить солью и мускатным орехом.

Выпекать при 240°С до зарумянивания.

Пирог по-графски подают с благородными напитками к праздничному столу.

Пирог с телячьим ливером

Взять на 6—8 человек половину телячьего ливера, с сердцем, без печенки, мочить в холодной воде в течение двух часов, часто меняя воду. Затем переложить в кастрюлю, залить кипятком, вскипятить, слить воду, затем залить кипятком вторично и так до трех раз. Потом перемыть в чистой холодной воде, мелко изрубить. Распустить на сковородке ложку масла, положить мелко изрубленную луковицу, слегка поджарить, всыпать ливер, прибавить еще ложку масла, поджарить, мешая до готовности, смотреть, чтобы не пригорело. Остудить, для сочности можно добавить бульона, всыпать немного перца, соли, 3—4 яйца, сваренных вкрутую и мелко порубленных, укроп, петрушку, перемешать и начинить пирог.

Пирожки картофельные с грибами

Для теста: 10 картофелин, 4—5 ст. л. муки, соль.
Для фарша: 70 г сушеных грибов, 2 головки репчатого лука, растительное масло, соль.

Приготовить картофельное пюре на воде, в которой варилась картошка, добавить муки, чтобы получилось вязкое тесто. Для начинки замочить грибы на 2—4 часа в холодной воде, сварить их в той же воде, откинуть на дуршлаг, измельчить и обжарить с нашинкованным луком в растительном масле. Тесто мокрыми руками разделить на шарики, сформовать лепешки, выложить на них начинку, края защипать. Пирожки обжарить с двух сторон в растительном масле. Начинку также можно приготовить из жареной капусты с чесноком либо из других овощей или из гречневой каши с луком.

Рецепт теста для закрытого пирога

2 яйца, 100 г сливочного масла, 200 г сметаны, $1/2$ ч. л. соли, 3 стакана муки. Замесить, раскатать 2 круглых пласта величиной с большую глубокую сковороду, один пласт, нижний, немного больше верхнего, положить на сковороду, смазанную маслом и вытертую досуха. Сверху уложить начинку, прикрыть меньшим пластом. Защипать кругом.

П. Мельников-Печерский. «В лесах»

Обед был подан обильный, кушаньям счету не было. На первую перемену поставили разные пироги, постные и рыбные. Была кулебяка с пшеном и грибами, была другая с визигой, жирами, молоками и сибирской осетриной. Кругом их, ровно малые детки вкруг родителей, стояли блюдца с разными пирогами и пряженцами. Каких тут не было!.. И кислые подовые на ореховом масле, и пряженцы с семгой, и ватрушки с грибами, и оладьи с зернистой икрой, и пироги с тельным из щуки. Управились гости с первой переменою, за вторую принялись: для постника Стуколова поставлены были лапша соковая да щи с грибами, а разрешившим пост уха из жирных ветлужских стерлядей.

— Покушай ушицы-то, любезненькой ты мой, — угощал отец Михаил Патапа Максимыча, — стерлядки, кажись, ничего себе, подходящие, — говорил он, кладя в тарелку дорогому гостю два огромных звена янтарной стерляди и налимьи печенки. — За ночь нарочно гонял на Ветлугу к ловцам. От нас ведь рукой подать, верст двадцать. Заходят и в нашу Усту стерлядки, да не часто... Расстегайчиков к ушице-то!.. Кушайте, гости дорогие.

Отработал Патап Максимыч и ветлужскую уху и расстегайчики. Потрудились и сотрапезники, не успели оглянуться, как блюдо расстегаев исчезло, а в миске на донышке лежали одни стерляжьи головки.

— Винца-то, любезненькой ты мой, винца-то благослови, — потчевал игумен, наливая рюмки портвейна. — Толку-то я мало в заморских винах понимаю, а люди пили да похваливали.

Портвейн оказался в самом деле хорошим. Патап Максимыч не заставил гостеприимного хозяина много просить себя.

Пирог с грибами

Приготовить тесто на сметане.
Для начинки взять разных свежих грибов: белых, подосиновиков, подберезовиков, очистить, перемыть в нескольких водах. Брать одни шляпки, маленькие оставлять целыми, а крупные порезать.
Если грибов недостаточно, можно прибавить и корешки, нарезав их кружочками.
Перемытые грибы откинуть на дуршлаг, дать стечь.
Затем переложить в кастрюлю со 100 г сливочного масла и пучком зеленой петрушки, поставить на огонь и тушить до мягкости.

Когда будут готовы, всыпать $1/2$ чайной ложки соли, $1/4$ ложки перца, зеленый лук, мелко порубленный, щепотку укропа, 5—10 мелко изрубленных крутых яиц, $1/2$ стакана сметаны, так как фарш должен быть жидковатый — сочный. Остудить фарш до теплого состояния. Пока стынут грибы, приготовить тесто. Раскатать два пласта, один больше другого. Пласт, который побольше, положить на сковороду. Положить слой фарша, сверху посыпать яйцами и опять слой фарша. Загнуть кверху слои теста. Небольшое отверстие сверху прикрыть кружком теста, красиво защипать, обрезать кругом лишнее тесто, поставить на холод на полчаса, затем смазать маслом и поставить в горячую духовку.

В. А. Гиляровский. «Москва и москвичи»

Трактир Егорова, кроме блинов, славился рыбными расстегаями. Это — круглый пирог во всю тарелку, с начинкой из рыбного фарша с визигой, а середина открыта, и в ней, на ломтике осетрины, лежит кусок налимьей печенки. К расстегаю подавался соусник ухи бесплатно.

Трактир этот славился расстегаями с мясом. Расстегай во всю тарелку, толщиной пальца в три, стоит пятнадцать копеек, и к нему, за ту же цену, подавалась тарелка бульона.

Расстегай московский

Тесто для расстегаев (1 шт.): мука — 100 г, сахар — 5 г, маргарин столовый — 5 г, соль — 1 г, дрожжи — 1,5 г, вода — 45 г, масло подсолнечное для смазки — 0,4 г. Фарш (1 шт.): 75 г, ломтик рыбы, яйца или грибы — по 7 г. Готовое дрожжевое тесто разделить на куски по 150 г, сформовать в виде шариков, дать расстойку на 8—10 минут, а затем раскатать в круглые лепешки, на которые положить фарш мясной с луком, рыбный или фарш из сушеных грибов. Края лепешки защипать так, чтобы серединка осталась открытой. Выпекать при 280—290°C. Готовый горячий расстегай смазать сливочным маслом.

В соответствии с видом фарша в середину готового расстегая перед подачей положить ломтик вареной осетрины или малосольной рыбы, шляпки маринованных грибов или кружочки крутого яйца. Расстегаи с рыбой подаются к ухе, с мясом — к крепкому жирному мясному бульону, а расстегаи с грибным фаршем — к грибному бульону с поджаренным луком.

И.С. Шмелев. «Лето Господне»

Марьюшка сидит в передней, без причала, сердитая. Обидно: праздник у всех, а она... расстегаев не может сделать! Загадили всю кухню. Старуха она почтенная. Ей накладывают блинков с икоркой, подносят лафитничек мадерцы, еще подносят. Она начинает плакать и мять платочек:

— Всякие пирожки могу, и слоеные, и заварные... и с паншетом, и кулебяки всякие, и любое защипное... А тут, накась... незащипанный пирожок не сделать! Я ему расстегаями нос утру! У Расторгуевых жила... митрополиты ездили, кулебяки мои хвалили...

Ее уводят в залу, уговаривают спеть песенку и подносят еще лафитничек. Она довольна, что все ее очень почитают, и принимается петь про «графчика, разрумяного красавчика».

Расстегай по-московски

Рыбный фарш, красиво порезанные ломтики малосольной семги или лососины или отварной осетрины, дрожжевое тесто.

Тесто разделить на кусочки весом примерно по 150 г, раскатать, на середину уложить рыбный фарш.

Края лепешки защипать так, чтобы серединка осталась открытой. Дать расстояться и выпекать в горячей духовке. Готовые расстегаи смазать крепким чаем и перед подачей в середину положить ломтики рыбы.

Расстегаи

400 г муки, 3 ст. л. масла, 25—30 г дрожжей, 300 г щуки, 300 г семги, 2—3 щепотки черного молотого перца, 1 ст. л. толченых сухарей, соль по вкусу.

Замесите постное тесто, дайте ему два раза подняться. Поднявшееся вторично тесто раскатайте в тонкий лист и стаканом или чашкой вырежьте из него кружки.

На каждый кружок положите фарш из щуки, а на него — тоненький кусочек семги. Можно использовать фарш из морского окуня, трески, сома (кроме морского), судака, сазана.

Концы пирожков защипните так, чтобы середина осталась открытой.

Расстегаи уложите на смазанный маслом противень и дайте им подойти 15 минут.

Каждый расстегай смажьте крепким сладким чаем и обсыпьте сухарями.

Выпекать расстегаи следует в хорошо разогретой духовке. Расстегаи подают к ухе или рыбному супу.

В те дни, когда рыба не благословляется,
можно приготовить расстегаи с грибами и рисом.
Для фарша потребуется 200 г сушеных грибов,
1 головка репчатого лука, 2—3 столовые ложки масла,
100 г риса, соль, перец черный молотый.
Отваренные грибы пропустите через мясорубку или
порубите. Мелко нарезанный репчатый лук обжарьте
вместе с грибами в течение 7 минут. Жареные грибы
с луком охладите, смешайте с отваренным рассыпчатым
рисом, посолите, посыпьте перцем.

И.С. Шмелев. «Богомолье»

Сходим по лесенке в овражек, заходим в блинные.
Смотрим по всем палаткам: везде-то едят-едят, чад
облаками ходит. Стряпухи зазывают:
— Блинков-то, милые!.. Троицкие-заварные, на
постном маслице!..
— Щец не покушаете ли с головизной, с сомовинкой?..
— Снеточков жареных, господа хорошие, с лучком пожа-
рю... за три копейки сковородка! Пирожков с кашей, с грибками прикажите!..

— А карасиков-то не покушаете? Соляночка грибная, и с севрюжкой, и с белужкой... белужины с хренком, горячей?.. И сидеть мягко, понежьтесь после трудов-то, поманежьтесь, милые... и квасок самый монастырский!..

Едим блинки со снеточками, и с лучком, и кашнички заварные, совсем сквозные, видно, как каша пузырится. Пробуем и карасиков, и грибки, и — Антипушка упросил уважить — редечку с конопляным маслом, на заедку. Домна Панферовна целую сковородку лисичек съела, а мы другую. И еще бы чего поели, да Аксенов обидится, обед на отход готовит. Анюта большую рыбину там видала, и из соленого судака ботвинья будет — Савка нам говорил, — и картофельные котлеты со сладким соусом, с черносливом и шепталой, и пирог с изюмом, на горчичном масле, и кисель клюквенный, и что-то еще... — загодя наедаться неуважительно.

Во всех палатках и под навесами плещут на сковородки душистую блинную опару — шипит-скворчит! — подмазывают «кошачьей лапкой», — Домна Панферовна смеется. А кто говорит — что заячьей. А нам перышками подмазывали, Горкин доглядывал, а то заячьей лапкой — грех. И блинные будто от Преподобного повелись: стечение большое, надо народ кормить-то. Глядим — и певчие наши тут: щи с головизной хвалят и пироги с солеными груздями.

Пирог с солеными грибами

Для теста: 1—1,2 кг муки, 50 г дрожжей, 2 стакана теплой воды, 1 стакан растительного масла, соль.

Для начинки: 1—1,3 кг соленых грибов (даже самых простых), 5—6 головок репчатого лука, 1 стакан растительного масла, соль, перец черный молотый.

Замесить постное дрожжевое тесто и, прикрыв салфеткой, поставить в теплое место для брожения.

Тем временем приготовить грибную начинку.

Соленые грибы нарезать лапшой, хорошо обжарить в растительном масле. Отдельно обжарить нашинкованный репчатый лук. Грибы и лук соединить, сильно приправить перцем. Начинка должна быть острой и иметь хорошо выраженный вкус и аромат грибов, лука и перца.

Тесто раскатать, завернуть в него грибную начинку, поверхность наколоть вилкой, чтобы при выпечке выходил пар, и смазать поверхность пирога крепким чаем. Затем испечь до готовности при 200°C.

После выпечки пирог смазать растительным маслом, чтобы корочка была нежнее.

Тесто ржаное

Для начинки: 200 г шкварок, 400—500 г перловой каши, соль.

Для смазки поверхности пирога: 1 ст. л. сливочного масла.

Ржаное пресное тесто

2 тонких стакана ржаной муки, 1 стакан воды, соль на кончике ножа.

Это пресное тесто из ржаной муки используется для рыбников, калиток, преснушек.

Из него чаще пекли пироги и другую незатейливую домашнюю выпечку для постов.

Подавали к кислым щам, супам, а также к чаю.

Пирог со шкварками

Раскатать ржаное тесто ровным слоем, положить перловую кашу, смешанную со шкварками и приправленную солью, закрыть слоем теста, защипить шов, наколоть поверхность пирога вилкой и выпекать при 200°C до готовности. Испеченный пирог смазать маслом, покрыть бумагой, укутать полотенцем.

Пирог с капустой и рыбой

Раскатайте постное тесто по форме будущего пирога. Ровно выложите слой капусты, на нее — слой нарубленной рыбы и снова слой капусты.

Края пирога защипите и запекайте пирог в духовке.

Н. В. Гоголь. «Мертвые души»

«**Х**орошо бы было, — подумала между тем про себя Коробочка, — если бы он забирал у меня в казну муку и скотину. Нужно его задобрить: теста со вчерашнего вечера еще осталось, так пойти сказать Фетинье, чтоб спекла блинов; хорошо бы также загнуть пирог пресный с яйцом, у меня его славно загибают, да и времени берет немного». Хозяйка вышла, с тем чтобы привести в исполнение мысль насчет загнутия пирога...

Кулебяки

Для теста: мука — 395 г, сахар — 17 г, маргарин — 20 г, дрожжи — 12 г, соль — 5 г, вода — 140 г;
выход теста — 600 г;
фарш — 530 г.

Кулебяки можно приготовить из сдобного или несдобного дрожжевого теста. Консистенция теста должна быть более крутой, чем для печеных пирожков. Готовое тесто разрезать на куски весом 0,9 кг, подкатать и дать немного подняться. После этого тесто раскатать продолговатыми кусками шириной 18—20 см и толщиной 1 см. На середину во всю длину полосок положить фарш. Края теста соединить над фаршем и защипать. Сформованную кулебяку поместить на смазанный жиром противень, смазать яйцом, украсить тонкими узкими полосками из теста. После формовки тесту опять дать расстояться.

Перед выпечкой кулебяку еще раз смазать яйцом
и проколоть сверху в двух-трех местах ножом, чтобы
выходил пар во время выпечки.
Кулебяку можно приготовить с ливерным, мясным,
рыбным, овощным или крупяным фаршем.

Н. В. Гоголь. «Мертвые души»

Оканчивая писать, он потянул несколько к себе носом воздух и услышал завлекательный запах чего-
то горячего в масле.

— Прошу покорно закусить, — сказала хозяйка.

Чичиков оглянулся и увидел, что на столе стояли уже грибки, пирожки, скородумки, шанишки, пряглы[1], блины, лепешки со всякими припеками: припекой с лучком, припекой
с маком, припекой с творогом, припекой со снеточками, и невесть чего не было.

— Пресный пирог с яйцом! — сказала хозяйка.

Чичиков подвинулся к пресному пирогу с яйцом и, съев-
ши тут же с небольшим половину, похвалил его. И в самом

---

[1] Скородумки — род пирожков. Шанишки — род ватрушки.
Пряглы — пышки, оладьи. *(Из записной книжки Гоголя.)*

деле, пирог сам по себе был вкусен, а после всей возни и проделок со старухой показался еще вкуснее.

— А блинков? — сказала хозяйка.

В ответ на это Чичиков свернул три блина вместе и, обмакнувши их в растопленное масло, отправил в рот, а губы и руки вытер салфеткой.

Тесто дрожжевое

30—50 г свежих дрожжей, 0,5 л молока,
250 г сливочного масла или маргарина, 2—3 ст. л. сахара,
щепотка соли, 2 ст. л. растительного масла,
мука пшеничная — 800—900 г.
Это тесто, можно сказать, универсальное. Из него можно приготовить пироги, рулеты, кулебяки, расстегаи, мелкие пирожки, как для выпечки, так и для жаренья во фритюре.

Начинка из зеленого лука с яйцами

На 400 г зеленого лука — 4 яйца, 3—4 ст. л. масла.
Очистить и промыть зеленый лук, нарезать (не очень мелко), слегка прожарить на масле, смешать с рублеными яйцами, солью и перцем.

Кулебяка с рыбой

Состав: 1,5 кг муки, 1 стакан молока,
150 г сливочного масла, 3 желтка, 1 ст. л. дрожжей.
Фарш: 700 г судака, 1 луковица, 500 г осетрины,
200 г семги, $1^1/_4$ стакана смоленской крупы, 2 яйца,
50 г сливочного масла, укроп.
Приготовить тесто следующим образом: на полкилограмма муки положить 150 г сливочного масла, 3 желтка,
1 чашку молока, 1 л. густых дрожжей, 1 ч. л. соли.
Развести тесто, как обыкновенно, на молоке с дрожжами; когда поднимется, положить масло, яйца, соль, остальную муку и дать подняться.
Приготовить начинку следующим образом: нарезать 700 г судака, удалить кости. Нарезанные куски поджарить в кастрюле, в ложке масла с 1 изрубленной луковицей и свежим или сушеным укропом, изрубить все вместе с рыбой. Взять $1^1/_4$ стакана смоленской крупы, перетереть ее с 1 яйцом, высушить, протереть сквозь сито.

Вскипятить 1 ¼ стакана воды с 50 г сливочного масла; когда закипит, всыпать крупу, затем перемешать с рыбным фаршем. Заранее приготовить 0,5 кг осетрины, нарезать пластинками и 200 г семги.

Сделать длинную или круглую кулебяку, сначала положить половину фарша с кашей; на него нарезанную осетрину и семгу, сверху остальную кашу с фаршем; защипать и дать 2—3 часа подняться; смазать яйцом и поставить в духовку.

В. А. Гиляровский. «Москва и москвичи»

Пенечка — изобретатель кулебяки в двенадцать ярусов, каждый слой — своя начинка: и мясо, и рыба разная, и свежие грибы, и цыплята, и дичь всех сортов. Эту кулебяку приготовляли только в Купеческом клубе и у Тестова, и заказывалась она за сутки.

И. С. Шмелев. «Лето Господне»

Пахнет рыбными пирогами с луком. Кулебяка с визигой — называется «благовещенская», на четыре угла: с грибами, с семгой, с налимьей печенкой и с судачьей икрой, под рисом, — положена к обеду, а пока — первые пироги.

Пирог открытый с курятиной и картофелем

Тесто дрожжевое: 500 г.
Для начинки: 400 г куриного вареного мяса,
1 сваренное вкрутую яйцо, зелень петрушки, соль по вкусу.
Для отделки: 3 картофелины среднего размера, 1 яйцо,
1 ст. л. сливочного масла, соль.
Для смазки: 1 желток или $1/_2$ яйца.
Тесто раскатать в виде овальной лепешки толщиной 1 см,
положить на противень, смазанный маслом.
Края овала смазать желтком. Поверх овальной лепешки
положить начинку из курятины с рубленым яйцом
и зеленью петрушки, оставив кромку теста 2 см.
Смазать кромку яйцом.
Картофель отварить, тщательно растолочь, добавить масло,
сырое яйцо, хорошо взбить до получения кремообразной
консистенции. С помощью кулинарного шприца по кромке
пирога разложить картофельное пюре, оставив середину
пирога открытой.
Выпекать при 210—220°С до готовности.
Подавать пирог к куриному бульону, супам, чаю.

Пирог с рыбой сибирский

Тесто дрожжевое: 600—700 г.
Для начинки: 500 г филе рыбы, 2—3 головки репчатого
лука, 3 картофелины среднего размера, соль, перец.
Для смазки: кусочек масла величиной с грецкий орех.
Тесто раскатать толщиной 1 см, положить слой тонко
нарезанного подсоленного сырого картофеля, на него —
куски филе рыбы, приправленной солью и перцем,
поверх рыбы — кольца сырого лука, сверху закрыть слоем
раскатанного теста, оставить для расстойки
на 10—15 минут, поверхность наколоть вилкой или ножом,
выпекать до готовности. Испеченный пирог смазать
маслом, подать к столу горячим.

Блинчатый пирог

В глубокую форму выложить пресное тесто (замес муки
на воде). Укладывать в него готовые блины, пересыпанные
сухим, протертым через сито творогом, смешанным
с рублеными, вкрутую сваренными яйцами.
Все залить топленым масло, обмазать желтком,
запечь в духовке.

И. Ильф и Е. Петров. «Двенадцать стульев»

— Россия вас не забудет! — рявкнул Остап. Ипполит Матвеевич, держа в руке сладкий пирожок, с недоумением слушал Остапа, но удержать его было нельзя. Его понесло. Великий комбинатор чувствовал вдохновение, упоительное состояние перед вышесредним шантажом. Он прошелся по комнате, как барс.

В таком возбужденном состоянии его застала Елена Станиславовна, с трудом тащившая из кухни самовар. Остап галантно подскочил к ней, перенял на ходу самовар и поставил его на стол. Самовар свистнул. Остап решил действовать.

Пирожки купеческие с вареньем

Приготовить дрожжевое тесто; когда во второй раз поднимется, положить 1 ст. л. растительного масла и 1 ст. л. сахара с цедрой лимона; размешать, раскатать не очень тонко, положить на раскатанное тесто по ложке варенья, смочить водой, покрыть вторым раскатанным куском теста, обжать вокруг. Получившиеся пирожки смазать маслом, поставить в горячую духовку; когда поднимутся и зарумянятся, вынуть их и подавать, посыпав сверху мелким сахаром или сахарной пудрой.

Ватрушки с творогом

Приготовить рассыпчатое тесто на сметане, рубленое или на дрожжах, раскатать тонко, вырезать кружки величиной с небольшое блюдце. На середину каждого кружка положить приготовленный творог, красиво защипать края теста, оставить начинку открытой, переложить на противень, смазанный маслом, смазать ватрушки яйцом, наколоть творог вилкой, поставить в горячую духовку на 15 минут. Когда зарумянятся и легко сдвигаются с противня, значит, готовы.

Для начинки нужно: 500 г творога, $1/2$ ч. л. соли, ложку сметаны, 2 яйца, $1/4$ ст. л. сливочного масла для смазки.

В. А. Гиляровский. «Москва и москвичи»

Булочная Филиппова всегда была полна покупателей. В дальнем углу вокруг горячих железных ящиков стояла постоянная толпа, жующая знаменитые филипповские жареные пирожки с мясом, яйцами, рисом, грибами, творогом, изюмом и вареньем. Публика — от учащейся молодежи до старых чиновников во фризовых шинелях и от расфранченных дам до бедно одетых рабочих женщин. На хорошем масле, со свежим фаршем пятачковый пирог был так велик, что парой можно было сытно позавтракать. Их завел еще Иван Филиппов, основатель булочной, прославившийся далеко за пределами московскими калачами и сайками, а главное, черным хлебом прекрасного качества.

Пирожки с мясом

За 2 часа до использования приготовить тесто
из 750 г муки, 375 г масла, 15 г соли и 1 яйца.
Вынести его в прохладное место.
Для фарша пропустить через мясорубку 400 г нежирной
свинины и 400 г телятины или говядины.
Положить в фарш 2 зубчика растертого чеснока,
1 измельченную луковицу, немного петрушки и влить
рюмку коньяка.
Из этого теста и фарша можно приготовить либо пирог,
либо пирожки и испечь в духовке.

Пирог с вишнями

Тесто дрожжевое постное: 600 г.
Для начинки: 1 кг спелой вишни без косточек,
2—3 ст. л. сахара, 2—3 ст. л. сухарей.
Для смазывания бортика пирога: растительное масло.
Для обсыпки: 1 ч. л. сахарной пудры.
Тесто раскатать в виде круглой или овальной лепешки
толщиной в 1 см, положить в круглую форму или на
противень. Тесто наколоть вилкой по всей поверхности,
ровным слоем насыпать сухари, на них ровным слоем
вишню, посыпанную сахаром, аккуратно загнуть края
теста, смазать бортик пирога растительным маслом.
Выпекать при 180—200°С до готовности.
Когда пирог остынет, слегка посыпать сахарной пудрой
через ситечко с мелкими отверстиями.

Пирог с курагой открытый

Тесто дрожжевое постное: 500—600 г.
Для начинки: 1 кг отборной янтарной кураги, 150 г сахара.
Раскатать тесто в виде овала, положить на противень,
расправить, наколоть по всей поверхности вилкой, чтобы

при выпечке не образовалось вздутие. Положить ровным слоем прозрачные янтарные дольки кураги, аккуратно загнуть бортик, смазать сиропом из-под кураги.

Начинку приготовить так: курагу вымыть, залить водой, чтобы она только покрывала курагу, засыпать сахаром и варить до мягкости. Затем откинуть на сито или дуршлаг, охладить. Выпекать пирог при 180—200°C.

Пирог имеет волшебный вкус.

Пирог с черникой

Тесто дрожжевое постное: 600 г.

Для начинки: 1 кг черники, 100 г сахара, 2—3 ст. л. сухарей.

Для смазывания: 2 ст. л. сладкого чая.

Раскатать тесто в виде овальной лепешки толщиной в 1 см, перенести на противень, разровнять, наколоть вилкой по всей поверхности, насыпать ровным слоем сухари, на них также ровным слоем положить чернику, смешанную с сахаром, поверх ягод сделать переплет из теста, загнуть бортик.

И переплет, и бортик тщательно смазать чаем, украсить листиками и цветком из теста, которые также смазать чаем. Выпекать при 180—200°C до готовности.

Пирог с морковью сладкий

Тесто, 5—6 морковок, 0,5 стакана сахара, 2 ст. л. растительного масла, горсть изюма, немного соли, по желанию — немного орехов.

Морковь, натертую на средней терке, потушить в растительном масле с 2—3 ст. л. воды, добавить сахар, изюм, если есть — измельченные орехи.

Посуду, в которой тушится морковь, поставить на небольшой газ, помешивая, чтобы не подгорела.

Пирог с такой начинкой хорош и открытый, и закрытый.

Пирог с морковью несладкий

Тесто, 5—6 морковок, 2 головки репчатого лука, соль, растительное масло.

Морковь натереть на крупной терке, лук нарезать половинками колечек, обжарить в масле до мягкости.

Пирог выпекать закрытым.

И. С. Шмелев. «Лето Господне»

Вот и канун Иван-Постного — «усекновение главы Предтечи и Крестителя Господня», печальный день.

Завтра пост строгий: будем вкушать только грибной пирог, и грибной суп с подрумяненными ушками, и рисовые котлетки с грибной подливкой; а сладкого не будет, и круглого не будет, «из уважения»: ни картошки, ни яблочка, ни арбуза, — и даже нельзя орешков: напоминают «главку».

Пирожки с грибами

Разведите дрожжи в полутора стаканах теплой воды, добавьте 200 г муки, размешайте и поставьте опару в теплое место на 2—3 часа.

100 г растительного масла разотрите со 100 г сахара, влейте в опару, перемешайте, добавьте 250 г муки, оставьте на час-полтора для брожения.

Замочите на два часа 100 г промытых сушеных грибов, отварите их до готовности и пропустите через мясорубку. Обжарьте на сковороде в растительном масле три мелко нарезанные луковицы. Когда лук станет золотистого цвета, добавьте мелко нарубленные грибы, посолите, жарьте еще несколько минут.

Из готового теста сформируйте шарики и дайте им подойти. Затем шарики раскатайте в лепешки, в середину каждой положите грибную массу, сделайте пирожки, дайте им подойти полчаса на смазанном маслом противне, затем осторожно смажьте поверхность пирожков сладким крепким чаем и выпекайте в нагретой духовке 30—40 минут.

Готовые пирожки уложите в глубокую тарелку и накройте полотенцем.

И. А. Гончаров. «Обломов»

В полдень Захар пришел спросить, не угодно ли попробовать их пирога: хозяйка велела предложить.

— Сегодня воскресенье, у них пирог пекут.

— Ну, уж, я думаю, хорош пирог! — небрежно сказал Обломов. — С луком да с морковью...

— Пирог не хуже наших, обломовских, — заметил Захар, — с цыплятами и свежими грибами.

— Ах, это хорошо должно быть: принеси! Кто ж у них печет? Эта грязная баба-то?

— Куда ей! — с презрением сказал Захар. — Кабы не хозяйка, так она и опары поставить не умеет. Хозяйка сама все на кухне. Пирог-то они с Анисьей вдвоем испекли.

Через пять минут из боковой комнаты высунулась к Обломову голая рука, едва прикрытая виденною уже им шалью, с тарелкой, на которой дымился, испуская горячий пар, огромный кусок пирога.

Пирог с грибами

Тесто, 0,5 кг свежих или горсть сушеных грибов,
1 стакан вареного риса или гречки,
1 головка репчатого лука, растительное масло, соль.
Грибы отварить (сушеные предварительно замочить
на 2—4 часа в холодной воде), нарезать и обжарить вместе
с луком в растительном масле.
Смешать с отварным рисом или гречкой.
Пирог сформовать закрытый, четырехугольной формы.

И.С. Гончаров. «Обломов»

Он целые дни, лежа у себя на диване, любовался, как обнаженные локти ее двигались взад и вперед, вслед за иглой и ниткой. Он не раз дремал под шипенье продеваемой и треск откушенной нитки, как бывало в Обломовке.

— Полноте работать, устанете! — унимал он ее.

— Бог труды любит! — отвечала она, не отводя глаз и рук от работы.

Кофе подавался ему так же тщательно, чисто и вкусно, как вначале, когда он, несколько лет назад, переехал на эту квартиру. Суп с потрохами, макароны с пармезаном, кулебяка, ботвиньи, свои цыплята — все это сменялось в строгой очереди одно другим и приятно разнообразило монотонные дни маленького домика.

В окна с утра до вечера бил радостный луч солнца, полдня на одну сторону, полдня на другую, не загораживаемый ничем благодаря огородам с обеих сторон.

Канарейки весело трещали; герань и порой приносимые детьми из графского сада гиацинты изливали в маленькой комнатке сильный запах, приятно мешавшийся с дымом чистой гаванской сигары да корицы или ванили, которую толкла, энергично двигая локтями, хозяйка.

Илья Ильич жил как будто в золотой рамке жизни, в которой, точно в диораме, только менялись обычные фазисы дня и ночи и времен года; других перемен, особенно крупных случайностей, возмущающих со дна жизни весь осадок, часто горький и мутный, не бывало.

В воскресенье и в праздничные дни тоже не унимались эти трудолюбивые муравьи: тогда стук ножей на кухне раздавался чаще и сильнее; баба совершала несколько раз путешествие из амбара в кухню с двойным количеством муки и яиц; на птичьем дворе было более стонов и кровопролитий. Пекли исполинский пирог, который сами господа ели еще на другой день; на третий и четвертый день остатки поступали в девичью; пирог доживал до пятницы, так что один совсем черствый конец, без всякой начинки, доставался, в виде особой милости, Антипу, который, перекрестясь, с треском неустрашимо разрушал эту любопытную окаменелость, наслаждаясь более сознанием, что это господский пирог, нежели самим пирогом, как археолог, с наслаждением пьющий дрянное вино из черепка какой-нибудь тысячелетней посуды.

Луковник

Приготовьте постное дрожжевое тесто как для пирогов.
Когда тесто подымется, раскатайте его на тонкие лепешки.
Нарежьте репчатый лук и поджарьте его до золотистого
цвета на растительном масле.
На дно сотейника или формы, смазанной маслом,
положите тонкую лепешку, засыпьте луком, затем опять
лепешку и слой лука. Так надо уложить 6 слоев.
Верхний слой должен быть из теста.
Луковник выпеките в хорошо разогретой духовке.
Подавайте горячим.

Рыбник

500 г рыбного филе, 1 луковица, 2—3 картофелины,
2—3 ст. л. масла, соль, перец по вкусу.
Сделайте постное тесто, раскатайте его на две лепешки.
Лепешка, которая будет использована для нижнего слоя
пирога, должна быть несколько тоньше верхней.
Уложите раскатанную лепешку на смазанную маслом
форму, на лепешку уложите слой тонко нарезанного
сырого картофеля, обсыпанные солью и перцем крупные
куски рыбного филе, сверху — тонко нарезанный
сырой лук.
Все полейте маслом и накройте второй лепешкой.
Края лепешек соедините и подогните книзу.
Поставьте готовый рыбник в теплое место на двадцать
минут; перед тем как поставить рыбник в духовку,
проколите сверху в нескольких местах.
Выпекайте в духовке, разогретой до 200—220°С.

Курник

Муки — 400 г, растительного сала — 200 г,
желтков — 2 шт., водки — 1 рюмку, соли — 1 ч. л.
Для начинки: белых грибов — 200 г, яиц — 6 шт.,
курицы — 1 шт., растительного сала — 150 г, рису — 200 г,
мелко нарезанной зелени петрушки и укропа — 1 ст. л.
Для соуса: муки — 2 ст. л, растительного сала — 2 ст. л.,
куриного бульона — $3/4$ стакана, лимонного сока — 2 ч. л.
Приготовьте сдобное рассыпчатое тесто. Для этого муку
хорошо растереть с растительным салом, желтками, водкой

и солью; если тесто окажется слишком крутым, добавить или 1 рюмку воды, или 1 яйцо. Когда тесто будет хорошо взбито, выложить его на стол, хорошо замесить и поместить на 1/4 часа в холодное место.

Затем тесто разделить на две части: большую и маленькую. Большую часть раскатать в круглую лепешку, выложить ее на блюдо, на лепешку положить ровным слоем начинку из риса, яиц и курицы, закрыть ее оставшимся тестом, раскатав в тонкую лепешку. Курник защипать, посередине в тесте сделать небольшое круглое отверстие, через которое будет выходить пар из начинки во время выпечки.

Испечь курник в хорошо нагретой духовке.

Приготовление начинки. Курицу, хорошо вымытую и вычищенную, опустить в бульон, если он уже варится, или сварить отдельно и оставить навар для бульона. Когда курица будет готова (не переваривать ее), снять с нее кожу, оделить от больших костей и порезать небольшими кусочками. Отдельно отварить рис, не разваривая его, откинуть на решето и промыть холодной водой. Распустить в кастрюльке 100 г растительного сала, положить в нее промытый рис, закрыть кастрюльку наполовину крышкой и поставить в духовку.

Когда рис сделается полурассыпчатым, добавить в него остальное растительное сало, сваренные вкрутую рубленые яйца, зелень петрушки и укропа и все хорошо перемешать, добавив сваренные отдельно и нашинкованные грибы. Курицу вынуть из бульона только тогда, когда начинка из риса и яиц будет готова.

Приготовление соуса. Для заправки начинки приготовить соус из муки и растительного сала, разведенных 3/4 стакана куриного бульона, с добавлением лимонного сока. Когда соус прокипит, облить им приготовленные куски курицы, а когда он остынет, смешать с остальной начинкой.

Напитки

И. К. Кондратьев.
«Седая старина Москвы»

Мы говорили также о настойках. Скажем об одной из них несколько слов. Кто не слыхал о травнике «Ерофеич», который новейшие водочные заводчики снова хотят ввести в употребление. Травник «Ерофеич» стал известен с 1768 года. Изобретение его приписывают одни — петербургскому цирюльнику, другие — каширскому мужичку. Обоих звали Ерофеичами, и оба они будто бы вылечили своим настоем графа Алексея Григорьевича Орлова. Было время, что «Ерофеич» был в громадной славе, и фунт наборных трав для него стоил более 10 рублей серебром. Теперь он забыт.

Здесь совершенно уместно упомянуть и о том, какие, помимо хлебного вина, приготовлялись хмельные напитки в древней Москве. Оригинальное и лучшее питье был мед. Меды были вареные и ставленые. Первые варились, вторые только наливались. По способу приготовления и по разным приправам меды имели названия: простой мед, мед пресный, белый, красный, мед обарный, мед боярский, мед ягодный. Чтобы сделать обарный мед, рассычали медовый сот теплою водою, процеживали, клали туда хмелю и варили в котле, затем выливали, простуживали и бросали туда кусок ржаного хлеба, натертого патокой и дрожжами, давали несколько вскиснуть, наконец, сливали в бочки. Боярский мед отличался от обарного тем, что при рассычении меда бралось меда в 6 раз больше, чем воды; он кис неделю, потом его сливали в бочку, где он стоял неделю с дрожжами; потом уже его сливали с дрожжей, подпаривали патокой и, наконец, сливали в другую бочку. Ягодный мед приготовлялся так: ягоды варились с медом до тех пор, пока совершенно раскипали; тогда эта смесь снималась с огня, ей давали отстояться, потом ее процеживали, сливали в мед, уже сваренный прежде с дрожжами и хмелем, и запечатывали. Ставленые меды приготовлялись как квасы, но с дрожжами или хмелем, и потому были хмельны. Их делали летом из малины, смородины, вишен, яблок и проч. В посудину клали спелых ягод, наливали отварною водою и давали стоять до тех пор, пока вода не принимала вкуса и цвета ягод, потом сливали воду с ягод и клали в нее чистого меду по вкусу, потом бросали туда кусок печеной корки, дрожжей и хмеля, и когда смесь эта начинала вскисать, то хлеб вынимали, чтоб она не приняла хлебного вкуса; мед на дрожжах оставляли от пяти до восьми дней в теплом месте, а потом снимали и ставили в холодное. Мед ставленый держали в засмоленных бочонках, и был [он] иногда до того крепок, что сшибал с ног. Все путешественники, посещавшие Москву, единогласно признавали достоинство наших медов и расславляли их в далеких странах.

И. А. Гончаров. «Обломов»

Вскоре из кухни торопливо пронес человек, нагибаясь от тяжести, огромный самовар. Начали собираться к чаю: у кого лицо измято и глаза заплыли слезами; тот належал себе красное пятно на щеке и висках; третий говорит со сна не своим голосом. Все это сопит, охает, зевает, почесывает голову и разминается, едва приходя в себя.

Обед и сон рождали неутолимую жажду. Жажда палит горло; выпивается чашек по двенадцати чаю, но это не помогает: слышится оханье, стенанье; прибегают к брусничной, к грушевой воде, к квасу, а иные и к врачебному пособию, чтоб только залить засуху в горле.

Все искали освобождения от жажды, как от какого-нибудь наказания Господня; все мечутся, все томятся, точно караван путешественников в аравийской степи, не находящий нигде ключа воды.

Квас из сухарей

10 л воды, 0,5 кг сухарей из ржаного хлеба,
20 г дрожжей, 0,5 кг сахара, немного изюма,
мяты, листья черной смородины.
Ржаной хлеб посушить в духовке, охладить,
залить кипяченой горячей водой (80°С), дать настояться
в тепле 1—2 часа. Сусло слить и процедить.

Сухарный отстой вновь залить горячей водой и настаивать еще 2 часа. Процедить и соединить оба настоя. Добавить сахар, дрожжи, мяту или черносмородиновый лист, немного изюма. Оставить квас для брожения в теплом месте на 8—12 часов. Процедить, разлить в бутылки, поставить в холод на 2—3 суток. Вместо изюма можно положить 2—3 ст. л. тмина.

Рецепт кваса из черного хлеба

Черный хлеб нарезать ломтиками и подсушить в духовке, а несколько ломтиков хорошо подрумянить. Залить кипятком из расчета: на 100 г сухарей 1,5—2 л воды, накрыть салфеткой и оставить на 4—6 часов для настаивания, приобретения цвета и хлебного вкуса. Затем добавить сахар и дрожжи в такой пропорции: на 1 л жидкости 50 г сахара и 2—3 г дрожжей. Квас должен созреть на вторые сутки. Готовый квас процедить, разлить в бутылки, плотно закрыть и убрать в холодильник.

Квас яблочный

Свежую или сушеную яблочную кожуру залить водой, добавить цедру, прокипятить и дать настояться. Через несколько часов процедить, добавить дрожжи. Поставить в теплое место, плотно накрыв. Дать перебродить. Перед подачей процедить, разлить по бутылкам, плотно укупорить и охладить.

Квас «Петровский»

На 800 г хлеба — 7 л воды, $1/2$ стакана сахарного песка, 10 г дрожжей, 1 стакан меда, $1/2$ стакана тертого хрена. Ломти ржаного и ржано-пшеничного хлеба залить горячей водой, настоять в течение 3—4 часов, после чего процедить. В жидкость добавить сахарный песок и разведенные в теплой воде дрожжи. Оставить для брожения при 23—30°С на 10—12 часов до появления пены. В полученный квас добавить, постепенно помешивая, мед и натертый хрен. Разлить в бутылки и поставить в холодное место. Перед употреблением процедить.

Клюквенный квас

Вымыть хорошенько клюкву, провернуть ее через мясорубку и затем, налив на нее 16 бутылок воды, дать ей вскипеть, после этого откинуть на сито, а затем процедить и остудить.

Из 2—3 фунтов сахару сварить сироп и кипящим вылить его в заготовленный квас, туда же нужно влить дрожжи.

После этого квас ставят в теплое место и оставляют его в покое, пока квас не забродит, а это узнается по тому, что на поверхности кваса появляется пена.

Как только квас забродит, его процеживают через салфетку и разливают в бутылки, кладя в каждую из них по 1 ягодке изюму.

Бутылки закупоривают и выносят на холод.

Квас будет лучше, когда постоит более 2 дней, замерзать квас не должен — от этого он портится.

В. А. Гиляровский. «Москва и москвичи»

орячий сбитень — любимый тогда медовый напиток, согревавший извозчиков и служащих, замерзавших в холодных лавках. Летом сбитенщиков сменяли торговцы квасами, и самый любимый из них был грушевый, из вареных груш, которые в моченом виде лежали для продажи пирамидами на лотках, а квас черпали из ведра кружками.

Сбитень праздничный

Кипятить 500 г меда в 1,5 л воды, постоянно снимая пену, добавить имбирь, гвоздику, душистый перец, корицу, снова кипятить и охладить. Развести 50 г дрожжей, смешать с медовым взваром, разлить в бутылки и поставить на 12 часов в теплое место. После этого бутылки плотно закрывают и оставляют в холоде на 2—3 недели для созревания.

Такой мед может долго храниться (бутылки следует герметически закупорить — воском).
К приготовленному таким образом меду можно прибавить 500 г чистого сока клюквы.

И.С. Шмелев. «Лето Господне»

С битню кому, горячего сби-тню, угощу?..
— А сбитню хочешь? А, пропьем с тобой семитку. Ну-ка, нацеди.
Пьем сбитень, обжигает.
— По-остные блинки, с лучком! Греш-щневые-луковые блинки!
Дымятся луком на дощечках, в стопках.
— Великопостные самые... сах-харные пышки, пышки!..
— Греш-шники-черепенники горря-чи. Гор-ря-ачи грешнички!..
Противни киселей — ломоть копейка. Трещат баранки. Сайки, баранки, сушки... калужские, боровские, жиздринские, — сахарные, розовые, горчичные, с анисом — с тмином, с сольцой и маком... переславские бублики, витушки, подковки, «жавороночки»... хлеб лимонный, маковый, с шафраном, ситный весовой с изюмцем, пеклеванный...

Везде — баранка. Высоко, в бунтах. Манит с шестов на солнце, висит подборами, гроздями. Роются голуби в баранках, выклевывают серединки, склевывают мачок. Мы видим нашего Мурашу, борода в лопату, в мучной поддевке. На шее ожерелка из баранок. Высоко, в баранках, сидит его сынишка, ногой болтает.

— Во, пост-то!.. — весело кричит Мураша. — Пошла бараночка, семой возок гоню!

— Сби-итню, с бараночками... сбитню, угощу кого...

Ходят в хомутах-баранках, пощелкивают сушкой, потрескивают вязки. Пахнет тепло мочалой.

— Ешь, Москва, не жалко!..

Сбитень горячий

В 1 л воды растворить по 150 г сахара и меда, добавить пряности (гвоздику, корицу, имбирь — по вкусу).
Кипятить 5—10 минут, снимая пену.
Через полчаса напиток процедить.
Готовый сбитень подогреть и пить горячим.

И. А. Гончаров. «Обломов»

— Водки не угодно ли? — спросил голос.

— Я не пью; покорно благодарю, — еще ласковее сказал Обломов, — у вас какая?

— Своя, домашняя: сами настаиваем на смородинном листу, — говорил голос.

— Я никогда не пивал на смородинном листу, позвольте попробовать!

Голая рука опять просунулась с тарелкой и рюмкой водки. Обломов выпил: ему очень понравилось.

И. К. Кондратьев. «Седая старина Москвы»

По словам летописей, хлебное вино появилось сперва в Украйне около 1398 года, которое туда завезли генуэзцы. Потом оно появилось и у нас, в России. Тайну приготовления водки русские поняли немедленно. Русская водка делалась изо ржи, пшеницы и ячменя. Водка вообще называлась вином и разделялась на сорта: обыкновенная водка носила название простого вина, лучше этого сорт назывался вино доброе, еще выше — вино боярское, наконец, высший сорт было вино двойное, чрезвычайно крепкое. Некоторые употребляли тройную и даже четвертную, т. е. четыре раза перегонную, и умирали от нее. Кроме этих водок, делалась водка сладкая, насыщенная патокой: эта водка назначалась единственно для женского пола. Хозяева настаивали водку на всевозможных пряностях и разных душистых травах: настаивали на корице, мяте, горчице, зверобое, гадяге, с амброй, на селитре, с померанцевой и лимонной коркой, с можжевельником и делали наливки на разных ягодах. Русские пили водку не только перед обедом, но и во время обеда, и после обеда, и во всякое время дня. За этот обычай многие иностранные писатели отзываются о русских весьма дурно. И в самом деле, русский человек в старину, как и теперь, всегда находил предлог в выпивке. Особенно увеличилось пьянство при Петре. Присяжные «питухи» его времени, Зотов и Бутурлин, верно, на свой пай выпили немного меньше, чем вся Русь с 1389 по 1552 год, т. е. по год построения первого кабака на Балчуге. Попойка обыкновенно начиналась выпивкой кубка за царское величество, за царицу и за непобедимое оружие, за каждого из присутствующих. Не выпить полного кубка считалось непочтением к той особе, чье здоровье пили; хозяин же, обыкновенно начиная неотступною просьбою, убеждал выпивать до капли.

Водка на смородиновом листе

На 100 г сушеных листьев смородины налить 3 л спирту (около 60%), дать настояться, очистить, смешать с сиропом из 4 стаканов воды и 600—800 г сахара. Воду с сахаром вскипятить два раза, снять дочиста накипь и в горячий сироп сливать спирт понемногу, мешая ложкой, процедить хорошенько через фланель или через воронку, на которую положить ваты, потом положить хорошо истолченные уголья, но не гашенные водой, и сверху — фланель. Процеживая таким образом, влить водку в бутыль ниже шейки, закупорить ее как можно лучше, поставить в теплое место на несколько недель, чтобы водка устоялась.
Тогда слить осторожно чистую водку, разлить в бутылки. При желании спирт можно разбавлять кипяченой остывшей водой.

И. Ильф и Е. Петров. «Золотой теленок»

Переводчик стал жаловаться на иностранцев:

— Поверите ли, на меня стали бросаться: расскажи да расскажи им секрет самогона. А я не самогонщик. Я член союза работников просвещения. У меня в Москве старуха мама.

— А вам очень хочется обратно в Москву? К маме?

Переводчик жалобно вздохнул.

— В таком случае заседание продолжается, — промолвил Бендер. — Сколько дадут ваши шефы за рецепт? Полтораста дадут?

— Дадут двести, — зашептал переводчик. — А у вас в самом деле есть рецепт?

— Сейчас же вам продиктую, то есть сейчас же по получении денег. Какой угодно: картофельный, пшеничный, абрикосовый, ячменный, из тутовых ягод, из гречневой каши. Даже из обыкновенной табуретки можно гнать самогон. Некоторые любят табуретовку. А то можно простую кишмишовку или сливянку. Одним словом — любой из полутораста самогонов, рецепты которых мне известны.

Остап был представлен американцам. В воздухе долго плавали вежливо приподнятые шляпы. Затем приступили к делу.

Американцы выбрали пшеничный самогон, который привлек их простотой выработки. Рецепт долго записывали в блокноты. В виде бесплатной премии Остап сообщил американским ходокам наилучшую конструкцию кабинетного самогонного аппарата, который легко скрыть от посторонних взглядов в тумбе письменного стола. Ходоки заверили Остапа, что при американской технике изготовить такой аппарат не представляет никакого труда. Остап со своей стороны заверил американцев, что аппарат его конструкции дает в день ведро прелестного ароматного первача.

— О! — закричали американцы.

Они уже слышали это слово в одной почтенной семье из Чикаго. И там о «pervatsch’e» были даны прекрасные референции. Глава этого семейства был в свое время с американским оккупационным корпусом в Архангельске, пил там «pervatsch» и с тех пор не может забыть очаровательного ощущения, которое при этом испытал.

В устах разомлевших туристов грубое слово «первач» звучало нежно и заманчиво.

Американцы легко отдали двести рублей и долго трясли руку Бендера. Паниковскому и Балаганову тоже удалось попрощаться за руку с гражданами заатлантической республики, измученными «сухим законом». Переводчик на радостях чмокнул Остапа в твердую щеку и просил захаживать, присовокупив, что старуха мама будет очень рада. Однако адреса почему-то не оставил.

Фруктовая настойка

Трехлитровую банку заполнить ягодами красной или черной смородины «по плечики» и залить водкой до горлышка. Закрыть пластмассовой крышкой и поставить в темное место на 3 месяца.
Затем процедить настойку и отжать ягоды через марлю. Добавить по вкусу сахар и разлить по бутылкам.

Н. В. Гоголь. «Вий»

Фруктов же можно насушить и продать в город множество или, еще лучше, выкурить из них водку, потому что водка из фруктов ни с каким пенником не сравнится.

Н. В. Гоголь. «Тарас Бульба»

Наши путешественники останавливались только на несколько минут для обеда, причем ехавший с ними отряд из десяти казаков слезал с лошадей, отвязывал деревянные баклажки с горилкою и тыквы, употребляемые вместо сосудов. Ели только хлеб с салом или коржи, пили только по одной чарке, единственно для подкрепления, потому что Тарас Бульба не позволял никогда напиваться в дороге, и продолжали путь до вечера.

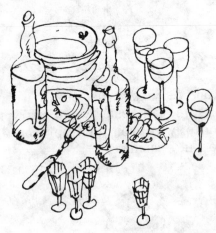

М. А. Булгаков. «Дни Турбиных»

Мышлаевский. Леночка, водки выпьете?

Елена. Нет, нет, нет.

Мышлаевский. Ну, тогда белого вина.

Студзинский. Вам позволите, господин полковник?

Алексей. Мерси. Вы, пожалуйста, себе.

Мышлаевский. Вашу рюмку.

Лариосик. Я, собственно, водки не пью.

Мышлаевский. Помилуйте, я тоже не пью. Но одну рюмку. Как же вы будете селедку без водки есть? Абсолютно не понимаю.

Лариосик. Душевно вам признателен.

Мышлаевский. Давно, давно я водки не пил.

Шервинский. Господа! Здоровье Елены Васильевны! Ура! Ура!

М. А. Булгаков. «Собачье сердце»

Шариковский рот тронула едва заметная сатирическая улыбка, и он разлил водку по рюмкам.

— Вот все у нас как на параде, — заговорил он, — салфетку туда, галстук — сюда, да «извините», да «пожалуйста», «мерси», а так, чтобы по-настоящему, — это нет. Мучаете себя, как при царском режиме.

— А как это «по-настоящему» — позвольте осведомиться?

Шариков на это ничего не ответил Филиппу Филипповичу, а поднял рюмку и произнес:

— Ну, желаю, чтоб все...

— И вам также, — с некоторой иронией отозвался Борменталь.

Сладкая водка из 3 сортов фруктов

Взять 2 кг 400 г вишен, по 1 кг 200 г красной смородины и малины, все вместе истолочь в каменной ступке, переложить в миску и дать постоять часов 5—6, тогда хорошенько выжать сок, лучше руками, сквозь салфетку, сок взвесить и на каждые 400 г влить 400 г водки, размешать, взвесить, на каждые 400 г этой смеси положить 300 г просеянного сахара рафинада, когда сахар совершенно разойдется, то опять взвесить и на каждые 2 кг 400 г состава положить

2 ложки толченого горького миндаля, 4 г корицы,
2 г гвоздики, все смешать, влить в бутыль и закупорить
пробкой, облепить мокрым пузырем горлышко.
Эта водка должна стоять 6 недель на солнце,
и ее надо взбалтывать 3—4 раза в день,
после 6 недель слить, процедить, разлить по бутылкам
и сохранять в погребе.

А.С. Пушкин. «Евгений Онегин»

Поедем. —
Поскакали други,
Явились; им расточены
Порой тяжелые услуги
Гостеприимной старины.
Обряд известный угощенья:
Несут на блюдечках варенья,
На столик ставят вощаной
Кувшин с брусничною водой.

Брусничная вода

3 ст. ложки листьев брусники залить 1 л кипятка
и дать настояться в течение 10—12 минут.
Сахар добавлять по вкусу.

В. А. Гиляровский. «Москва и москвичи»

Вышел Денис Васильевич из бани, накинул простыню и подсел ко мне, а Дмитриев ему: «С легким паром, ваше превосходительство. Не угодно ли брусничной? Ароматная!» — «А ты не боишься?» — спрашивает. «Чего?» — «А вот ее пить? Пушкин о ней так говорит: «Боюсь, брусничная вода мне б не наделала вреда», и оттого он ее пил с араком».

Денис Васильевич мигнул, и банщик уж несет две бутылки брусничной воды и бутылку арака.

И начал Денис Васильевич наливать себе и нам: полстакана воды, полстакана арака. Пробую — вкусно. А сам какие-то стихи про арак читает...

Брусника моченая

Бруснику перебрать, промыть несколько раз и насыпать в банки или деревянные бочонки. Ягоды залить отваром из 10 л кипятка, 170 г сахара, 50 г соли, корицы и гвоздики (по 2 г). Иногда добавляют нарезанные половинками яблоки, сахар можно заменить медом.

Отвар из груш

На 1 л воды нужно 200 г сушеных фруктов.
Сушеные груши тщательно промыть холодной водой,
кипятить 10 минут и 2—3 часа настаивать.
Пьют его как компот.

Напиток из кислицы

Готовят, заливая холодной кипяченой водой (1 л)
200 г молодых листочков, предварительно мелко
порезанных или пропущенных через мясорубку. Перед
подачей к столу можно добавить немного сахара и лед.

Л. Н. Толстой. «Война и мир»

Скоро после дядюшки отворила дверь — по звуку
ног, очевидно, босая — девка, и в дверь с большим
уставленным подносом в руках вошла толстая, румяная, красивая женщина лет сорока, с двойным
подбородком и полными, румяными губами. Она с гостеприимной представительностью и приветливостью в глазах и каждом движенье оглянула гостей и с ласковой улыбкой почти-
тельно поклонилась им. Несмотря на толщину больше чем
обыкновенную, заставлявшую ее выставлять вперед грудь
и живот и назад держать голову, женщина эта (экономка дя-

дюшки) ступала чрезвычайно легко. Она подошла к столу, поставила поднос и ловко своими белыми, пухлыми руками сняла и расставила по столу бутылки, закуски и угощенья. Окончив это, она отошла и с улыбкой на лице стала у двери. «Вот она и я! Теперь понимаешь дядюшку?» — сказало Ростову ее появление. Как не понимать: не только Ростов, но и Наташа поняла дядюшку и значение нахмуренных бровей и счастливой, самодовольной улыбки, которая чуть морщила его губы в то время, как входила Анисья Федоровна. На подносе были травник, наливки, грибки, лепешечки черной муки на юраге, сотовый мед, мед вареный и шипучий, яблоки, орехи сырые и каленые и орехи в меду. Потом принесено было Анисьей Федоровной и варенье на меду и на сахаре, и ветчина, и курица, только что зажаренная.

Все это было хозяйство, сбора и варенья Анисьи Федоровны. Все это и пахло, и отзывалось, и имело вкус Анисьи Федоровны. Все отзывалось сочностью, чистотой, белизной и приятной улыбкой.

— Покушайте, барышня-графинюшка, — приговаривала она, подавая Наташе то то, то другое. Наташа ела все, и ей показалось, что подобных лепешек на юраге, с таким букетом варений, на меду орехов и такой курицы никогда она нигде не видала и не едала. Анисья Федоровна вышла. Ростов с дядюшкой, запивая ужин вишневой наливкой, разговаривали о прошедшей и о будущей охоте, о Ругае и илагинских собаках. Наташа с блестящими глазами прямо сидела на диване, слушая их. Несколько раз она пыталась разбудить Петю, чтобы дать ему поесть чего-нибудь, но он говорил что-то непонятное, очевидно, не просыпаясь. Наташе так весело было на душе, так хорошо в этой новой для нее обстановке, что она только боялась, что слишком скоро за ней приедут дрожки.

— Как хорошо! Право, отлично, — сказал Николай с некоторым невольным пренебрежением, как будто ему совестно было признаться в том, что ему очень были приятны эти звуки.

— Как отлично? — с упреком сказала Наташа, чувствуя тон, которым сказал это брат. — Не отлично, а это прелесть что такое! — Ей так же, как грибки, мед и наливки дядюшки казались лучшими в мире, так и эта песня казалась ей в эту минуту верхом музыкальной прелести.

Вишневая наливка

Взять вишни, истолочь их с косточками и залить водкой. Затем, процедив водку, залить ею свежие вишни, заполнив ими целую бутыль. Водка должна покрывать вишни примерно на четыре пальца. Готовность наливки узнается по вкусу и густоте: если, налившись в рюмку, она пристает к стеклу, как сироп, значит, готова; тогда ее можно слить и подсластить, в расчете $1/4$—$1/3$ фунта сахара на бутылку. Но можно и не подслащивать.

Чем дольше наливка стоит на вишнях, тем она лучше.

И.С. Шмелев. «Пути Небесные»

Обедали за круглым столом, ели и пили жадно. Кушанья были домашние: лапша куриная, горячая свинина с ледяными огурцами, гусь с капустой, сладкие пироги.

Цыганки потчевали вишневой наливкой — хоть пригубь-то! Вагаев потягивал шампанское, курил. Захлопали пробки, затренькали гитары. Вагаев подал Дариньке бокал. «За здоровье прелестной королевы!» Запели «чарочку». Цыганки льнули, обнимали за талию, заискивали в глаза — «ой, писаная-хорошая-глазастая!..»

Наливки

Ягоды зрелые, чистые, без зелени (листочков или корешков), можно мятые, но без плесени, если яблоки, то кислые.

Водка хорошего сорта, крепость около 25%.

Надо взять стеклянную бутыль, всыпать в нее ягоды или фрукты на $2/3$ бутыли и влить водки до верха.

Бутыль прикрыть плотной тряпочкой и поставить бутыль на южную сторону на 2—3 месяца, каждые 3—4 суток встряхивая бутыль. Чем более зрелые плоды и чем их больше, тем меньше времени надо на приготовление.

Затем наливку надо процедить: взять чистую воронку, покрыть ее куском хлопчатной ткани, а сверху ветошкой, через воронку можно разливать наливку прямо в бутыль.

Если она осталась мутной, процедить еще раз. Такая наливка еще довольно крепка, надо добавить воды $1/4$ часть, затем ее надо ослабить: на бутылку наливки (разбавленной) 0,25—0,33 фунта сахара.

Сахар положить в кастрюлю, налить воды столько, чтобы растворить сахар, нагреть, в кипящий сироп влить наливку и довести до кипения, но не кипятить, остудить, разлить в бутылки, запечатать.

Лучшие наливки из черной смородины, вишни, малины, красной смородины, рябины (собирать после первых морозов).

Другой способ

Ягод насыпать полную бутыль, налить водки наравне с ягодами, добавить 0,5 бутыли спирта, поставить на солнце на 3—4 месяца. Из клубники — 1 месяц.

Слив клубничную наливку, клубнику выжать в прессе, наливке дать устояться, слить, разлить по бутылкам.

В оставшиеся ягоды насыпать 2—3 фунта сахара, поставить на солнце, пока сахар не растает, слить сок.

Так повторять, пока ягоды не станут сухими.

Этим соком можно подсластить первую наливку или использовать в виде сиропа. На высохшие ягоды можно налить теплой кипяченой воды, дать постоять 2—3 недели, из сока можно готовить желе, пить с водой.

Можно готовить наливку из дыни (1 дыня на бутыль), настаивать 2 недели, подсластить $1/4$—$3/4$ фунта сахара.

Можно из скорлупы грецких орехов как обычно.

Н. В. Гоголь. «Старосветские помещики»

Пульхерия Ивановна для меня была занимательнее всего тогда, когда подводила гостя к закуске.

— Вот это, — говорила она, снимая пробку с графина, — водка, настоенная на деревий и шалфей. Если у кого болят лопатки или поясница, то очень помогает. Вот это на золототысячник: если в ушах звенит и по лицу лишаи делаются, то очень помогает. А вот эта — перегнанная на персиковые косточки; вот возьмите рюмку, какой прекрасный запах.

Наливки

Взять каких угодно спелых ягод, перемыть, перебрать, откинуть порченые ягоды, дать обсохнуть, всыпать в бутыль на $2/3$ ее. Влить сюда самой лучшей водки до верху бутыли, закупорить пробкою, обернуть горлышко бумагою, поставить на окно, на солнечную сторону, держать так ровно три месяца, время от времени потряхивать бутыль. Затем процедить наливку сквозь плотную салфетку, дать ей отстояться, перелить в бутыли, закупорить, засмолить, поставить в холодное место в наклонном положении.

Рябиновку настаивать в темном месте и ягоды брать после первых морозов, прежде просушить, провялить их несколько.

Сладкая наливка делается так: процеженный настой ягод вылить в кастрюлю, насыпать в нее сахару по четверти фунта на одну бутылку, проварить на плите, пока сахар не распустится, остудить, разлить по бутылкам.

(Из старинных рецептов)

В. А. Гиляровский. «Москва и москвичи»

Кроме вин, которых истреблялось море, особенно шампанского, Купеческий клуб славился один на всю Москву квасами и фруктовыми водами, секрет приготовления которых знал только один многолетний эконом клуба — Николай Агафоныч.

При появлении его в гостиной, где после кофе с ликерами переваривали в креслах купцы лукулловский обед, сразу раздавалось несколько голосов:

— Николай Агафоныч!

Каждый требовал себе излюбленный напиток. Кому подавалась ароматная листовка: черносмородинной почкой пахнет, будто весной под кустом лежишь; кому вишневая — цвет рубина, вкус спелой вишни; кому малиновая; кому белый сухарный квас, а кому кислые щи — напиток, который так газирован, что его приходилось закупоривать в шампанки, а то всякую бутылку разорвет.

— Кислые щи и в нос шибают, и хмель вышибают! — говаривал десятипудовый Ленечка, пивший этот напиток пополам с замороженным шампанским.

И.С. Шмелев. «Пути Небесные»

После приятного обеда в Сундучном ряду, в веселой деловой сутолоке — спешке, где перекусывает торговый люд, — ветчина с горошком, «от Арсентьича», суточные щи, сосиски с капустой и неизменная бутылка **шипучего напитка, чуть-чуть хмельного, под прозвищем «кислых щей»**, — закончили они покупки у

Егорова в Охотном и у Андреева на Тверской, для званого обеда. Виктор Алексеевич оставил ее с коляской, — ей надо было в синодальную лавку на Никольской и к Кувшинникову в рядах, купить шелков и шерсти, — а сам пустился «по очень важному делу», обещая не задержаться, чтобы приготовиться к отъезду.

И.С. Шмелев. «Пути Небесные»

Все манило ее глаза, все радовало восторженно: оторвавшийся красный шар, пропадавший в дымах лиловых, красные сахарные петушки в палатках, осыпанные бертолеткой Ангелы Рождества, мороженые яблоки, маски в намерзших окнах, пузатые хлопушки, елки, раскинутые ситцы, цветы бумажные, к образам, смешной поросенок — с хвостиком! — выпавший из кулька у дамы, золотые цепочки, брошки, — вся пестрота и бойкость радостной суматохи праздника. Им захотелось есть, и они помчались на лихаче в торговые древние ряды, спустились, скользя, по изъерзанным каменным ступенькам — «в низок, в Сундучный», и с наслаждением, смеясь и обжигаясь, ели пухлые пироги с кашей и с грибами, — она была здесь «только один раз в жизни, давно-давно-о!» — и выпили нашего шампанского — «кислых щей».

Квас «Московские кислые щи»

1 кг муки из ржаного или пшеничного солода,
1 кг пшеничной муки, 600 г гречневой муки, 1 кг меда,
10 г мяты, 50 г дрожжей.

Из хлебных продуктов на 8—9 стаканах крутого кипятка
замесить густое тесто и оставить его в теплом месте для
осахаривания. Когда тесто подойдет, переложить его
в настойный чан, залить 35 л кипящей воды,
тщательно размешать и дать отстояться.

После этого прозрачное сусло осторожно слить в посуду
и размешать с медом и настоем мяты.

Затем влить стакан закваски дрожжей и оставить
для брожения.

Как только сусло забродит, молодой квас разлить
в бутылки, закупорить их пробками, обвязать пробки
проволокой и выдержать в теплом месте в течение
10—12 часов.

Затем вынести в холодное место.

Через три дня квас готов к употреблению.

«Кислые щи»

Всыпать в кадку 2,5 кг пшеничного солода,
800 г ячменного, 2,5 кг пшеничной муки
и столько же гречневой. Все это заварить кипятком,
по 2 ведра за один раз, и тщательно перемешать,
пока жидкость не станет густой, как квас, чтобы с весла,
которым мешают, раствор стекал каплями.

Затем охладить во льду. Этим же суслом развести 2 стакана
дрожжей и один ковш квасной гущи; а когда все остынет,
перелить в бочку. Затем поставить в теплое место и дать
закиснуть. Затем разлить в бутылки из-под шампанского,
закупорить и поставить в прохладное место.

Из этой пропорции должно получиться 70 бутылок.

Кипятку потребуется не меньше 6 ведер.

По мере надобности пропорции изготовления можно
сократить.

Православные праздничные блюда

Рождество

И.С. Шмелев. «Лето Господне»

Рождество...
Чудится в этом слове крепкий, морозный воздух, льдистая чистота и снежность. Самое слово это видится мне голубоватым. Даже в церковной песне:

> Христос рождается — славите!
> Христос с небес — срящите! —

слышится хруст морозный.

Синеватый рассвет белеет. Снежное кружево деревьев легко, как воздух. Плавает гул церковный, и в этом морозном гуле шаром всплывает солнце. Пламенное оно, густое, больше обыкновенного: солнце на Рождество. Выплывает огнем за садом. Сад — в глубоком снегу — светлеет, голубеет. Вот побежало по верхушкам; иней зарозовел; розово зачернелись галочки, проснулись; брызнуло розоватой пылью, березы позлатились, и огненно-золотые пятна пали на белый снег. Вот оно, утро праздника, — Рождество.

В детстве таким явилось — и осталось.

Вечер 6 января — Рождественский сочельник, канун, навечерие Рождества, называемый также коляды. Сочельник, или сочевник, получил название от «сочиво» — ритуального кушанья, обязательного для этого вечера, приготовляемого из сока миндального, макового с медом и каши из красной пшеницы или ячменя, ржи, гречихи, гороха, чечевицы, позже — риса. Сочивом называлась трапеза в Рождественский и Крещенский сочельники, на родинах, крестинах, поминках, с той лишь разницей, что эта каша, чаще называемая «кутья», была разной по составу. Рождественскую кутью готовили постной. На второй день Рождества готовили бабью кашу, или бабкину кутью. В отличие от Рождественской постной кутьи бабкину готовили «богатой».

В Рождественский сочельник не принято было есть до первой звезды — в память о звезде Вифлеемской. В церквях в вечерние часы шла торжественная служба, а не пошедшие на богослужение готовились к восходу звезды дома. В крестьянских семьях в ожидании звезды все вместе читали вечернюю молитву, старшие рассказывали детям о рождении Иисуса Христа, о волхвах, дары приносящих.

Сочельник — это прежде всего семейный ужин. По старинному обычаю стол прежде посыпали сеном — в память о вертепе и яслях, затем застилали белоснежную накрахмаленную скатерть; в центре ставили ритуальное сочиво и другие кушанья — блины, рыбные блюда, заливное, студень, молочный поросенок, начиненный кашей, свиная голова с хреном, домашняя колбаса, колядки, медовые пряники. Блюд непременно должно было быть двенадцать.

Колядки, или калитки, — это маленькие выпечные изделия из ржаного пресного теста с различными начинками, наливками, намазками или припеками.

Чтобы испечь колядки, необходимо восемь компонентов — мука, вода, простокваша, соль, молоко, масло, сметана и начинка.

Тесто для колядок может быть приготовлено из одной ржаной муки или из смеси ржаной и пшеничной муки в равных соотношениях: два тонких стакана муки, один тонкий стакан жидкости (вода, молоко, простокваша, сметана в любых соотношениях), соль на кончике ножа.

Замешанное тесто должно отдохнуть минут 20—30, прикрытое салфеткой, чтобы не обветрилось.

Готовое тесто раскатать в жгут, нарезать на равные кусочки. Из кусочков сделать тонкие лепешки, придав им круглую или овальную форму. На лепешки положить разнообразные начинки и защипать или загнуть края.

Кекс «Сочельник»

На 250 г муки: 250 г сливочного масла, 250 г сахарной пудры, 5 яиц, 100 г изюма, 20 г рома или коньяка, 50 г апельсиновых цукатов, тертая цедра одного лимона, 1 ч. л. соды.

Масло с сахарной пудрой растереть добела, добавить желтки, ром или коньяк, измельченные цукаты, изюм, соду, сок и натертую цедру лимона, перемешать.

Затем всыпать муку и ввести взбитые в стойкую пену белки, быстро замесить легкое воздушное тесто, перемешивая сверху вниз.

Тесто быстро разложить в обильно смазанную размягченным маслом и подпыленную мукой форму, осторожно поставить в духовку и выпекать при 180°С в течение часа или чуть больше.

Подавать в сочельник.

Кекс «Рождественский»

На 600 г муки: 250 г меда, 250 г масла сливочного, 1 стакан сахара, 6 яиц, 500 г сметаны, 100 г мелко рубленных орехов, 1 ч. л. корицы, 1 ч. л. соды, щепотка соли.

Масло растереть с сахаром добела, добавить желтки и продолжать растирать массу до полного исчезновения кристаллов сахара.

Затем добавить теплый расплавленный мед с корицей, сметану, соль, соду, всыпать муку и ввести взбитые в стойкую пену белки.

Быстро замесить легкое пышное тесто консистенции густой сметаны, так же быстро разложить в обильно смазанную размягченным маслом и подпыленную мукой форму, осторожно поставить в духовку и выпекать при 180°С в течение часа.

Подавать в сочельник.

А.С. Пушкин. «Евгений Онегин»

ни хранили в жизни мирной
Привычки милой старины;
У них на Масленице жирной
Водились русские блины;
Два раза в год они говели;
Любили круглые качели,

Подблюдны песни, хоровод;
В день троицын, когда народ
Зевая слушает молебен,
Умильно на пучок зари
Они роняли слезки три;
Им квас как воздух был потребен,
И за столом у них гостям
Носили блюды по чинам.

Масленица

«Хоть с себя что заложить, а Маслену проводить!»
Веселый праздник проводов зимы. На Руси
справляли Масленицу в последнюю неделю
(сырную) до Великого поста. Каждый день
этой недели имеет свое название (по словарю В. Даля):

понедельник — встреча,
вторник — заигрыши,
среда — лакомства,
четверг — широкий четверг,
пятница — тещины вечерки,
суббота — золовкины посиделки,

воскресенье — проводы, прощанье, целовник или проще-
ный день.

Масленицу и в наше время отмечают по всей России.

Масленица, или сырная неделя, справляется за 7 недель до
Пасхи.

А. П. Чехов.
«Из записной книжки Ивана Иваныча»

Тема для масленичной проповеди. О бренности
всего земного. Надворный советник Семен Петрович Подтыкин сел за стол, покрыл свою грудь
салфеткой и, сгорая нетерпением, стал ожидать
того момента, когда начнут подавать блины... Перед ним, как
перед полководцем, осматривающим поле битвы, расстила-
лась целая картина... Посреди стола, вытянувшись во фронт,
стояли стройные бутылки. Тут были три сорта водок, киевская
наливка, шатолароз, рейнвейн и даже пузатый сосуд с произ-

ведением отцов бенедиктинцев. Вокруг напитков в художественном беспорядке теснились сельди с горчичным соусом, кильки, сметана, зернистая икра (3 руб. 40 к. за фунт), свежая семга и проч. Подтыкин глядел на все это и жадно глотал слюнки... Глаза его подернулись маслом, лицо покривило сладострастьем...

— Ну, можно ли так долго? — поморщился он, обращаясь к жене. — Скорее, Катя!

Но вот наконец показалась кухарка с блинами... Семен Петрович, рискуя ожечь пальцы, схватил два верхних, самых горячих блина и аппетитно шлепнул их на свою тарелку. Блины были поджаристые, пористые, пухлые, как плечо купеческой дочки... Подтыкин приятно улыбнулся, икнул от восторга и облил их горячим маслом. Засим, как бы разжигая свой аппетит и наслаждаясь предвкушением, он медленно, с расстановкой обмазал их икрой. Места, на которые не попала икра, он облил сметаной... Оставалось теперь только есть, не правда ли? Но нет... Подтыкин взглянул на дела рук своих и не удовлетворился... Подумав немного, он положил на блины самый жирный кусок семги, кильку и сардинку, потом уж, млея и задыхаясь, свернул оба блина в трубку, с чувством выпил рюмку водки, крякнул, раскрыл рот...

Но тут его хватил апоплексический удар.

Блины гречневые, «грешники»

Залейте вечером три стакана гречневой муки тремя стаканами кипятка, хорошо размешайте и оставьте на час. Если у вас нет гречневой муки, ее можно изготовить самим, размолов в кофемолке гречневую крупу.
Когда тесто остынет, разведите его стаканом кипятка.
Когда тесто станет чуть теплым, добавьте 25 г дрожжей, растворенных в половине стакана воды.
Утром в опару добавьте остальную муку, растворенную в воде соль и замешайте тесто до густоты сметаны, поставьте его в теплое место и выпекайте на сковороде, когда тесто снова поднимется.
Эти блины особенно хороши с луковыми припеками.

Блины с припеками с грибами, луком

Приготовьте опару из 300 г муки, стакана воды,
20 г дрожжей и поставьте ее в теплое место.
Когда опара подойдет, влейте в нее еще стакан теплой
воды, две столовые ложки растительного масла, соль,
сахар, остальную муку и все тщательно перемешайте.
Промытые сушеные грибы замочите на три часа, отварите
до готовности, нарежьте на маленькие кусочки, обжарьте,
добавьте нашинкованный и слегка обжаренный зеленый
или репчатый лук, нарезанный кольцами.
Разложив припеки на сковороде, залейте их тестом,
жарьте как обыкновенные блины.

И.С. Шмелев. «Богомолье»

Масленица... Я и теперь еще чувствую это слово,
как чувствовал его в детстве; яркие пятна, зво-
ны — вызывает оно во мне; пылающие печи,
синеватые волны чада, в довольном гуле набрав-
шегося люда, ухабистую снежную дорогу, уже замаслившуюся
на солнце, с ныряющими по ней веселыми санями, с веселы-

ми конями в розанах, в колокольцах и бубенцах, с игривыми переборами гармоньки. Или с детства осталось во мне чудесное, не похожее ни на что другое, в ярких цветах и позолоте, что весело называлось — «Масленица».

Масленица в развале. Такое солнце, что разогрело лужи. Сараи блестят сосульками. Идут парни с веселыми связками шаров, гудят шарманки. Фабричные, внавалку, катаются на извозчиках с гармоньей. Мальчишки «в блина» играют: руки назад, блин в зубы, пытаются друг у друга зубами вырвать — не выронить, весело бьются мордами.

Просторная мастерская, откуда вынесены станки и ведерки с краской, блестит столами: столы поструганы, для блинов. Плотники, пильщики, водоливы, кровельщики, маляры, десятники, ездоки — в рубахах распоясной, с намасленными головами, едят блины. Широкая печь пылает. Две стряпухи не поспевают печь. На сковородках, с тарелку, «черные» блины пекутся и гречневые, румяные, кладутся в стопки, и ловкий десятник Прошин, с серьгой в ухе, шлепает их об стол, словно дает по плеши. Слышится сочно — ляппп! Всем по череду: ляп... ляп... ляпп!.. Пар идет от блинов винтами. Я смотрю от двери, как складывают их в четверку, макают в горячее масло в мисках и чавкают. Пар валит изо ртов, с голов. Дымится от красных чашек со щами с головизной, от баб-стряпух, со сбившимися алыми платками, от их распаленных лиц, от масляных красных рук, по которым, сияя, бегают желтые язычки от печки. Синеет чадом под потолком. Стоит благодатный гул: довольны.

— Бабочки, подпекай... с припечком — со снеточком!..

Кадушки с опарой дышат, льется-шипит по сковородкам, вспухает пузырями. Пахнет опарным духом, горелым маслом, ситцами от рубах, жилым. Все чаще роздыхи, передышки, вздохи. Кое-кто пошабашил, селедочную головку гложет. Из медного куба — паром, до потолка.

— Ну, как, робятки?.. — кричит заглянувший Василь Василич. — Всего уели? — заглядывает в квашни. — Подпекай-подпекай, Матреш... не жалей подмазки, дадим замазки!..

Гудят, веселые.

— По шкаличку бы еще, Василь Василич... — слышится из углов, — блинки заправить.

— Вал-ляй!.. — лихо кричит Косой. — Архирея стречаем, куды ни шло...

Гудят. Звякают зеленые четверти о шкалик. Ляпают подоспевшие блины.

— Хозяин идет!.. — кричат весело от окна.

Отец, как всегда, бегом, оглядывает бойко.

— Масленица как, ребята? Все довольны?..

— Благодарим покорно... довольны!..

— По шкалику добавить! Только смотри, подлецы... не безобразить!..

Не обижаются: знают — ласка. Отец берет ляпнувший перед ним блинище, дерет от него лоскут, макает в масло.

— Вкуснее, ребята, наших! Стряпухам — по целковому. Всем по двухгривенному, на Масленицу!

Так гудят — ничего и не разобрать.

Шаньги из гречневой каши

Раскатайте лепешки из постного теста, на середину каждой положите гречневую кашу, приготовленную с луком и грибами, края лепешки загните.

Уложив готовые шаньги на смазанную маслом форму, запеките их в духовке.

Такие же шаньги можно приготовить с начинкой из жареного лука, из картофеля, с растолченным чесноком и жареным луком.

В. А. Гиляровский. «Москва и москвичи»

Посетителям, прямо с шестка, подавались блины, которые у всех на виду беспрерывно пеклись с утра до вечера. Толстые, румяные, с разными начинками — «егоровские блины».

Скороспелые гурьевские блины

Взять 1 кг пшеничной муки, 10 яичных желтков и 200 г сливочного масла, положить в кастрюлю и тщательно размешать, развести кислым молоком до надлежащей густоты, потом 10 охлажденных и взбитых в пену белков положить в тесто и, смешав всю массу веселкой, печь блины.
От 20 до 30 блинов выходит, а если делать тоньше, то и более получить можно.

Красные блины

В 3 стаканах теплого молока растворить 20 г дрожжей и влить их в муку (3 стакана). Тщательно выбить тесто лопаткой. Поставить в теплое место, дать подняться. Размешать с 1 стаканом теплого молока 4 желтка и 50 г растопленного масла, добавив соль (1 ч. л.) и сахар (1 ст. л.). Влить в тесто, размешать и дать тесту вновь подойти. Непосредственно перед выпеканием блинов добавить в тесто 4 взбитых белка.
Эти блины должны быть совсем тонкими.

Русские блины

В теплой воде или молоке (3 стакана) растворить сахар (1 ст. л.), соль ($1/_2$ ч. л.), дрожжи (20 г), добавить 1 яйцо, влить в муку (2 стакана), постоянно перемешивая против часовой стрелки до исчезновения комочков, затем в тесто вмешать распущенное сливочное, а лучше топленое масло (1ст. л.). Тесто оставляют для брожения на 3 часа в теплом месте, 2—3 раза перемешивая.

Выпекать на раскаленной, смазанной куском сала чугунной сковороде.

Подавать с икрой, красной рыбой, сметаной, медом, вареньем.

Б. К. Зайцев. «Голубая Звезда»

Кроме истории, социологии, профессор любил и блины. Наталья Григорьевна знала его давно, хорошо помнила, что блины должны быть со снетками. С утра в среду человек шел в Охотный, и к часу на отдельных сковородках шипели профессорские блины, с припеченными снетками.

Профессор приехал немного раньше и, слегка разглаживая серебряную шевелюру, главную свою славу, сказал, что в Англии считается приличным опоздать на десять минут к обеду, но совершенно невозможным — явиться за десять минут до назначенного.

— Благодарю Бога, что я в Москве, — добавил он тем тоном, что все-таки все, что он делает, хорошо. — В Англии меня сочли бы за обжору, которому не терпится с блинами.

Сдобные гречневые блины

2 стакана гречневой муки, 2 стакана пшеничной муки, 4 стакана молока, 3 яйца, 100 г сливок, 1 ст. л. сахара, 25—30 г дрожжей, 2 ст. л. сливочного масла, соль по вкусу.
В эмалированную кастрюлю высыпать гречневую муку, влить два стакана теплого молока, предварительно разведя в нем дрожжи. Все хорошо размешать и поставить в теплое место. Когда тесто поднимется, размешать его деревянной ложкой, влить остальное молоко, всыпать пшеничную муку и хорошо перемешать. Тесто снова поставить в теплое место. После того как оно подойдет, добавить яичные желтки, растертые с 2 ст. л. растопленного сливочного масла, сахаром, солью. Все хорошо перемешать.
Взбить сливки, добавить к ним яичные белки и еще раз взбить. Размешать с тестом и поставить в теплое место на 15—20 минут. Выпекать блины обычным способом.

Блины гречневые с пшеничной мукой

800 г гречневой муки, 800 г пшеничной муки, 10 г сухих дрожжей, 6 яиц, 400 г сметаны.
Опару сделать на 800 г пшеничной муки, для чего берут горячую воду пополам с горячим молоком. Когда остынет, прибавить 10 г сухих дрожжей, разведенных в воде или молоке, 800 г гречневой муки, 6 желтков, 400 г сметаны, посолить, разбавить молоком или водой, прибавить шесть взбитых белков и, когда подымутся, печь.

Блины без дрожжей

200 г гречневой муки, 200 г пшеничной муки, 3 стакана молока, полная десертная ложка соды, 3 яйца, полная десертная ложка кремортартара (очищенного винного камня), 2 ложки воды, ложка масла.
Приготовление: 200 г гречневой муки и 200 г пшеничной муки размешивают в 3 стаканах холодного молока, подливая его понемногу; потом прибавляют 3 сильно

разболтанных яйца и незадолго до выпечки кладут полную десертную ложку кремортартара и полную десертную ложку соды, распущенные в 2 ложках воды. Из приготовленного теста пекут в масле или жире маленькие блины и подают на стол с растопленным маслом и сметаной.

Блины на соде

400 г гречневой муки, 400 г пшеничной муки, 4,5—5 стаканов воды, 2 ч. л. соли, 2 ч. л. сахара, 1 ч. л. лимонной кислоты, 1 ч. л. соды, 100—200 г сливочного масла.

Взять 400 г гречневой и 400 г пшеничной муки, 4,5—5 стаканов теплой воды, добавить соль, сахар, хорошо вымешать, выбить.

Когда сковородки будут раскалены, взять 1 ч. л. кислоты, всыпать ее в 0,5 стакана холодной воды, размешать, вылить в тесто, затем размешать 1 ч. л. соды в 0,5 стакана холодной воды, влить в тесто, размешать и сейчас же выпекать блины.

Подать к блинам растопленное масло, сметану, икру.

Блины гречневые заварные

4 стакана гречневой муки, 2,5 стакана воды, 2 стакана молока, 20—25 г дрожжей, 1 ч. л. сахара, соль по вкусу.

Заварными эти блины называют потому, что муку или опару заваривают кипятком. Использовать нужно не кипящую воду, а лишь нагретую до кипения. Лить жидкость следует постепенно (струйкой), чтобы не убить дрожжи.

Всыпать в кастрюлю два стакана муки, залить ее двумя стаканами кипятка, хорошо размешать, чтобы не было комков. Когда тесто остынет до комнатной температуры, развести в половине стакана теплой воды дрожжи и влить их в опару. Опару хорошо взбить, накрыть полотенцем и поставить подходить в теплое место.

Когда опара увеличится в объеме в 2—3 раза, добавить в нее муку, молоко, соль, снова взбить и поставить в теплое место.

Выпекать блины обычным способом.

Пшенные блины

2 стакана пшена, 2 стакана пшеничной муки, 6 стаканов молока, 5 яиц, 25 г дрожжей, 200 г сливочного масла, сахар, соль по вкусу.

Вылить в кастрюлю 2 стакана теплого молока и развести в нем дрожжи. Затем всыпать всю муку и замесить тесто. Накрыв кастрюлю полотенцем, поставить тесто в теплое место на 1—1,5 часа.

Пока тесто подходит, пшено перебрать, промыть и, залив его четырьмя стаканами молока, сварить кашу.

Остудить ее до комнатной температуры, добавить яичные желтки, растертые с солью и сахаром, и хорошо перемешать.

Соединить кашу с тестом и дать тесту подойти вторично. Затем добавить яичные белки и осторожно перемешать. Через 15—20 минут выпекать блины.

Овсяные блины

1,5 стакана пшеничной муки, 2,5 стакана овсяной муки, 3 стакана молока (или воды), $1/2$ стакана сливок, 3 яйца, 2 ст. л. сахара, 2 ст. л. сливочного масла, 30 г дрожжей, соль по вкусу.

Влить в кастрюлю чуть теплое молоко и развести в нем дрожжи. Смешать в миске пшеничную и овсяную муку и, всыпав ее в кастрюлю с молоком, хорошо размешать. Дать опаре подняться.

В подошедшее тесто добавить растертые с солью и сахаром яичные желтки, размягченное сливочное масло, все хорошо размешать.

Отдельно взбить яичные белки, сливки, соединить их и осторожно ввести в тесто.

Дать тесту снова подойти и выпекать блины обычным способом.

Блины пшеничные со взбитыми сливками

2,5 стакана молока, 2 яйца, 12—16 г дрожжей, $1/2$ стакана густых сливок, 3 стакана крупчатой муки, до 200 г масла, по 2 ч. л. соли и сахара.

Подать отдельно сливочное масло, сметану и икру.

Крестопоклонная

А. П. Чехов. «Ионыч»

Старцеву представили Екатерину Ивановну, восемнадцатилетнюю девушку, очень похожую на мать, такую же худощавую и миловидную. Выражение у нее было еще детское и талия тонкая, нежная; и девственная, уже развитая грудь, красивая, здоровая, говорила о весне, настоящей весне. Потом пили чай с вареньем, с медом, с конфетами и с очень вкусными печеньями, которые таяли во рту. С наступлением вечера мало-помалу сходились гости, и к каждому из них Иван Петрович обращал свои смеющиеся глаза и говорил:

— Здравствуйте пожалуйста.

Потом все сидели в гостиной, с очень серьезными лицами, и Вера Иосифовна читала свой роман. Она начала так: «Мороз крепчал...» Окна были отворены настежь, слышно было, как на кухне стучали ножами, и доносился запах жареного лука... В мягких, глубоких креслах было покойно, огни мигали так ласково в сумерках гостиной; и теперь, в летний вечер, когда долетали с улицы голоса, смех и потягивало со двора сиренью, трудно было понять, как это крепчал мороз и как заходившее солнце освещало своими холодными лучами снежную равнину и путника, одиноко шедшего по дороге; Вера Иосифовна читала о том, как молодая, красивая графиня устраивала у себя в деревне школы, больницы, библиотеки и как она полюбила странствующего художника, — читала о том, чего никогда не бывает в жизни, и все-таки слушать было приятно, удобно, и в голову шли всё такие хорошие, покойные мысли, — не хотелось вставать.

И.С. Шмелев. «Лето Господне»

В субботу третьей недели Великого поста у нас выпекаются «кресты»: подходит Крестопоклонная. «Кресты» — особенное печенье, с привкусом миндаля, рассыпчатое и сладкое; где лежат поперечинки «креста» — вдавлены малинки из варенья, будто гвоздочками прибито. Так спокон веку выпекали, еще до прабабушки Устиньи — в утешение для поста. Горкин так наставлял меня:

— Православная наша вера, рус-ская... она, милок, самая хорошая, веселая! и слабого облегчает, уныние просветляет, и малым радость.

И это сущая правда. Хоть тебе и Великий пост, а все-таки облегчение для души, «кресты»-то. Только при прабабушке Устинье изюмины впекали, а теперь веселые малинки.

Крестопоклонная — неделя священная, строгий пост, какой-то особенный, — «су-губый», — Горкин так говорит, по-церковному. Если бы строго по-церковному держать, надо бы в сухоядении пребывать, а по слабости облегчение дается: в середу-пятницу будем вкушать без масла — гороховая похлебка да винегрет, а в другие дни, которые «пестрые», — поблажка: можно икру грибную, суп с грибными ушками, тушеную капусту с кашей, клюквенный кисель с миндальным молоком, рисовые котлетки с черносливно-изюмным соусом, с шепталой, печеный картофель в сольце... а на заедку всегда «кресты»: помни Крестопоклонную.

«Кресты» делает Марьюшка с молитвой, ласково приговаривает: «А это гвоздики, как прибивали Христа мучители-злодеи... сюда гвоздик, и сюда гвоздик, и...» — и вминает веселые малинки. А мне думается: «Зачем веселые... лучше бы синие черничинки!..» Все мы смотрим, как складывает она «кресты». На большом противне лежат они рядками, светят веселыми малинками. Беленькие «кресты», будто они из липки, оструганы. Бывало, не дождешься: ах, скорей бы из печи вынимали!

И еще наставлял Горкин:

— Вкушай крестик и думай себе — Крестопоклонная, мол, пришла. А это тебе не в удовольствие, а... каждому, мол, дается крест, чтобы примерно жить... и покорно его нести, как Господь испытание посылает. Наша вера хорошая, худому не научит, а в разумение приводит.

Пряники медовые

2 ст. муки, 300 г меда, 2—3 ст. л. растительного масла, 100 г измельченных орехов, 1 ч. л. пряностей, 1 лимон, $1/2$ ч. л. соды.

Ядра орехов хорошо истолочь или пропустить через мясорубку, соединить с медом, маслом, пряностями, натертой на мелкой терке цедрой лимона вместе с мякотью, удаляя при этом косточки.

Массу перемешать до однородности, всыпать смешанную с содой муку, замесить тесто.

Можно уменьшить количество меда, добавив сахар.

Кроме того, можно добавить еще 1 ч. л. какао.

Тесто раскатать и вырезать формочкой различные пряпички.

В Крестопоклонную седьмицу Великого поста можно выпечь такие пряники в виде креста, в середину положить изюминки или ягоды из варенья.

И.С. Шмелев. «Лето Господне»

Пост уже на исходе, идет весна. Прошумели скворцы над садом — слыхал их кучер, — а на Сорок Мучеников прилетели и жаворонки. Каждое утро вижу я их в столовой: глядят из сухарницы востроносые головки с изюминками в глазках, а румяные крылышки заплетены на спинке. Жалко их есть, так они хороши, и я начинаю с хвостика. Отпекли на Крес-топоклонной маковые «кресты» — и вот уж опять она, ог-ромная лужа на дворе. Бывало, отец увидит, как плаваю я по ней на двери, гоняюсь с палкой за утками, заморщится и крикнет:

— Косого сюда позвать!..

Василь Василич бежит опасливо, стреляя по луже глазом. Я знаю, о чем он думает: «Ну, ругайтесь... и в прошлом году ругались, а с ней все равно не справиться!»

— Старший прикащик ты — или... что?.. Опять у тебя она? Барки по ней гонять?!

— Сколько разов засыпал-с!.. — оглядывает Василь Васи-лич лужу, словно впервые видит. — И навозом заваливал, и щебнем сколько транбовал, а ей ничего не делается! Всо-сет — и еще пуще станет. Из-под себя, что ли, напущает?.. Спокон веку она такая, топкая... Да оно ничего-с, к лету по-обсохнет, и уткам природа есть...

Отец поглядит на лужу, махнет рукой.

Пряники медовые «Крестцы»

Ядро орехов грецких, миндаля или лещинных тщательно истереть или пропустить через мясорубку, соединить с медом, добавить растительное масло, пряности, натереть на мелкой терке лимон с цедрой, удалив семечки.

Массу перемешать до однородности, всыпать смешанную с содой муку, замесить тесто.

Раскатать, вырезать выемкой «крестик» заготовки из теста, положить сверху изюминки, испечь.

На 2 стакана муки — 300 г меда,
2—3 ст. л. оливкового масла,
100 г истертых ядер орехов,
1 ч. л. пряностей,
1 лимон, 1/2 ч. л. питьевой соды.

Пасха

П. Мельников-Печерский. «В лесах»

Чужим глядел Алексей в дому родительском. Как малое дитя, радовалась Фекла Абрамовна, что и кулич-то ее стряпни удался к светлому празднику, и пасха-то вышла сладкая да рассыпчатая, и яйца-то на славу окрасились. Все домашние разделяли радость хозяйкину; один Алексей не взглянул на стряпню матери и, сидя за обедом, не похвалил ни жирных щей со свежиной, ни студени с хреном, ни жареного поросенка с белым, как молоко, мясом и с поджаристой кожицей. Горько показалось это старушке, слезы у ней на глазах даже выступили... Для великого-то дня, для праздника-то, которому по Божественной песни всяка тварь радуется! Но сдержала слезы Абрамовна, пересилила горе обидное, не нарушила радости праздника. «Что ж! — тихонько поворчала сама с собой. — Привык к сладкой еде купеческой, навадился сидеть за столами богатыми — невкусна ему кажется хлеб-соль родительская».

Кулич

Взять молоко, дрожжи, половину муки, растворить тесто. Когда поднимется, замесить, положив все остальное, вымесить хорошенько.

Когда тесто будет отставать от посуды, положить сбитые белки и изюм, перемесить, дать подняться.

Сделать куличи. Когда поднимется, смазать яйцом, посыпать шинкованным миндалем и толчеными сухарями, вставив в печь.

Вынув из печи, осыпать душистым сахаром.

Масло и желтки с сахаром надо растереть добела.

Взять: 2 кг муки, 10 яиц, 200 г масла, с $1/2$ стакана дрожжей, 1 ч. л. корицы или 30 зерен кардамона, 200—400 г сахара, т.е. 1—2 стакана, 1,5 стакана разного изюма, апельсинного цукату, нарезанного тонкими пластинками, 4 стакана молока, соли.

И.С. Шмелев. «Лето Господне»

Великая суббота, вечер. В доме тихо, все прилегли перед заутреней. Я пробираюсь в зал — посмотреть, что на улице. Народу мало, несут пасхи и куличи в картонках. В зале обои розовые — от солнца, оно заходит. В комнатах — пунцовые лампадки, пасхальные. В Рождество были голубые?.. Постлали пасхальный ковер в гостиной, с пунцовыми букетами. Сняли серые чехлы с бордовых кресел. На образах веночки из розочек. В зале и в коридорах — новые красные «дорожки». В столовой на окошках — крашеные яйца в корзинах, пунцовые: завтра отец будет христосоваться с народом. В передней — зеленые четверти с вином: подносить. На пуховых подушках, в столовой на диване — чтобы не провалились! — лежат громадные куличи, прикрытые розовой кисейкой, — остывают. Пахнет от них сладким теплом душистым.

П. Мельников-Печерский. «В лесах»

С**овсем захлопоталась Аксинья Захаровна. Глаз почти не смыкая после длинного «стоянья» Великой субботы, отправленного в моленной при большом стеченьи богомольцев, целый день в суетах бегала она по дому. То в стряпущую заглянет, хорошо ль куличи пекутся, то в моленной надо посмотреть, как Евпраксеюшка с Парашей лампады да иконы чистят, крепко ль вставляют в подсвечники ослопные свечи и достаточно ль чистых горш-

ков для горячих углей и росного ладана они приготовили...
Из моленной в боковушу к Насте забежит поглядеть, как она
с Матренушкой крашены яйца по блюдам раскладывают.
С ранней зари по всему дому беготня, суетня ни на минуту не
стихала... Даже часы Великой субботы Евпраксеюшка одна
прочитала. Аксинья Захаровна только и забежала в моленну
послушать паремью с припевом: «Славно бо прославися!..»

Стало смеркаться, все помаленьку успокоилось. Аксинья
Захаровна всем была довольна... Везде удача, какой и не чая-
ла... В часовне иконы и лампады как жар горят, все вымете-
но, прибрано, вычищено, скамьи коврами накрыты, на длин-
ном столе, крытом камчатною скатертью, стоят фарфоровые
блюда с красными яйцами, с белоснежною пасхой и пышны-
ми куличами; весь пол моленной густо усыпан можжевельником... Одна беда, попа не доспели, придется на такой великий
праздник сиротскую службу отправлять... В стряпущей тоже
все удалось: пироги не подгорели, юха курячья с шафраном
сварилась на удивленье, солонина с гусиными полотками под
чабром вышла отличная, а индюшку рассольную да рябчиков
под лимоны и кума Никитишна не лучше бы, пожалуй, сготовила. Благодушествует хозяюшка...

Польский кулич

Взять горячего масла 1 стакан, горячих сливок 2 стакана,
всыпать в них 2 горсти крупчатой муки,
размешать хорошенько, когда простынет,
вбить одно яйцо и влить хороших дрожжей 1 стакан.
Когда тесто поднимется, положить в него 8 желтков,
растертых добела с двумя стаканами сахара,
остальную муку, вымесить тесто хорошенько,
поставить на 2 часа подняться, потом выбить его руками
как можно лучше и, чтобы тесто было довольно жидко,
переложить его в форму, вымазанную маслом
и обсыпанную сухарями, дать подняться и поставить
в печь, ставя в печь, стараться не трясти его.

И. С. Шмелев. «Лето Господне»

У Воронина на погребице мнут в широкой кадушке творог. Толстый Воронин и пекаря, засучив руки, тычут красными кулаками в творог, сыплют в него изюму и сахарку и проворно вминают в пасочницы. Дают попробовать мне на пальце: ну, как? Кисло, но я из вежливости хвалю. У нас в столовой толкут миндаль, по всему дому слышно. Я помогаю тереть творог на решете. Золотистые червячки падают на блюдо — совсем живые! Протирают все, в пять решет: пасох нам надо много. Для нас — самая настоящая, пахнет Пасхой. Потом — для гостей, парадная, еще «маленькая» пасха, две людям, и еще — бедным родственникам. Для народа, человек на двести, делает Воронин под присмотром Василь Василича, и плотники помогают делать. Печет Воронин и куличи народу.

Пасха царская

Протереть через сито 1 кг свежего творога, смешать
с 5 сырыми яйцами, 200 г сливочного масла,
400 г свежей некислой сметаны.
Сложить все в кастрюлю с тяжелым дном, поставить
на огонь, мешая постоянно деревянной лопаточкой,
чтобы не пригорело.

Когда масса дойдет до кипения, снять с огня, поставить
на лед и мешать до остывания.
После этого положить в массу сахарный песок по вкусу,
изюм, немного ванили, корицы, толченого миндаля.
Все тщательно размешать, сложить в пасечницу,
выложенную полотняной салфеткой, и поставить
под пресс.

В. А. Гиляровский. «Москва и москвичи»

Чуть что похвалишь — на дорогу обязательно завернут в пакет, и отказываться нельзя. Как-то раз в пасхальные дни подали у Чеховых огромную пасху, и жена моя удивилась красоте формы и рисунка.

Пасха красная

Растопить докрасна три бутылки цельного молока, дать
остыть, влить туда три бутылки простокваши, три стакана
сметаны и один желток, все это кипятить до тех пор, пока
не отойдет сыворотка; затем процедить сквозь салфетку,
протереть сквозь сито, положить по вкусу сахару,
$1/2$ палочки истолченной ванили, переложить в форму,
поставить на холод, под пресс.

Б. К. Зайцев. «Голубая Звезда»

В субботу в их доме усиленно готовились к празднику. Чистили, мыли, Машура сама красила яйца, готовила пасху. Знаменитый окорок одевали в бумажные кружева. В духовке сидели золотые куличи. Все это напоминало детство и имело свою особенную прелесть.

С. Т. Аксаков. «Детские годы Багрова-внука»

С четверга на Страстной начали красить яйца: в красном и синем сандале, в серпухе и луковых перьях; яйца выходили красные, синие, желтые и бледно-розового рыжеватого цвета. Мы с сестрицей с большим удовольствием присутствовали при этом крашенье. Но мать умела мастерски красить яйца в мраморный цвет разными лоскутками и шемаханским шелком. Сверх того, она с необыкновенным искусством простым перочинным ножичком выскабливала на красных яйцах чудесные узоры, цветы и слова: «Христос Воскресе». Она всем приготовила по такому яичку, и только я один видел, как она над этим трудилась. Мое яичко было лучше всех, и на нем было написано: «Христос Воскресе, милый друг Сереженька!»

И.С. Шмелев. «Лето Господне»

На Вознесенье пекли у нас лесенки из теста — «Христовы лесенки» — и ели их осторожно, перекрестясь. Кто лесенку сломает — в рай не вознесется — грехи тяжелые. Бывало, несешь лесенку со страхом, ссунешь на край стола и кусаешь ступеньку за ступенькой. Горкин всегда уж спросит, не сломал ли я лесенку, а то поговей Петровками. Так повелось с прабабушки Устиньи, из старых книг, Горкин ей подпсалтырник сделал, с шишечками, точеный, и послушал ее наставки; потому-то и знал порядки, даром что сроду плотник. А по субботам, с Пасхи до Покрова, пекли ватрушки. И дни забудешь, а как услышишь запах печеного творогу, так и знаешь: суббота нынче.

Яйца крашеные

Яйца для Пасхи красятся разными манерами.

1. Красят их в лоскутках шелковой линючей материи разных цветов. Лоскутки эти надо расщипать, смешать, вымыть хорошенько, вытереть дочиста, потом опять смочить, обернуть в шелк, все это покрыть ветошкою, обвязать ниткою, опустить в кастрюльку с теплой водой. От той минуты, как закипят, варить 10 минут, вынуть, остудить, тогда уже снять ветошку и шелк.

2. Вымыть яйца дочиста, вытереть их, обернуть ветошкой, перевязать нитками и сверху местами накапать чернил деревянной палочкой; опустить в воду и, когда закипит, варить 10 минут, вынуть, остудить, тогда снять ветошку.

3. Красят в желтую краску, причем варят яйца в шелухе от луковиц или в листьях молодой березы.

Содержание

РУССКОЕ ЗАСТОЛЬЕ

Ответственный редактор *Е. Басова*
Художественный редактор *М. Левыкин*
Художник *В. Гальдяев*
Компьютерная верстка *Г. Дегтяренко*
Корректор *Г. Гудкова*
В оформлении переплета использован рисунок художника *А. Сальникова*

Налоговая льгота — общероссийский классификатор
продукции ОК-005-93, том 2; 953000 — книги, брошюры.

Подписано в печать с готовых диапозитивов 10.11.2000.
Формат 70x90 1/16. Гарнитура «Таймс».
Печать офсетная. Усл. печ. л. 22,23 + вкл.
Тираж 10 000 экз. Зак.№ 2640.

ЗАО «Издательство «ЭКСМО-Пресс».
Изд. лиц. № 065377 от 22.08.97.
125190, Москва, Ленинградский проспект, д. 80, корп. 16, подъезд 3.
Интернет/Home page — www.eksmo.ru
Электронная почта (E-mail) — info@ eksmo.ru

**ORDERING FROM "RUSSIAN HOUSE"
IS THE BEST WAY TO BUILD OR
COMPLETE COLLECTION OF RUSSIAN BOOKS.**

**WE THANK YOU VERY MUCH
FOR GIVING US THE OPPORTUNITY
TO SERVE YOU!**

**САМЫЙ ЛУЧШИЙ СПОСОБ СОБРАТЬ
ИЛИ ПОПОЛНИТЬ КОЛЛЕКЦИЮ
РУССКИХ КНИГ – ЭТО ЗАКАЗАТЬ ИХ В:**

**RUSSIAN HOUSE BOOKS, LTD.
253 FIFTH AVENUE
NEW YORK, NY 10016**

**TEL: (212) 685-10-10
FAX: (212) 685-10-46**

**E-MAIL:
russia@russianhouse.net**

Для заметок

ЗАО «Издательство «ЭКСМО-Пресс»
Изд. лиц. № 065377 от 22.08.97.
125190, Москва, Ленинградский проспект, д. 80, корп. 16, подъезд 3.
Интернет/Home page — www.eksmo.ru
Электронная почта (E-mail) — info@eksmo.ru

Книга — почтой:
Книжный клуб «ЭКСМО»
101000, Москва, а/я 333. E-mail: bookclub@eksmo.ru

Оптовая торговля:
109472, Москва, ул. Академика Скрябина, д. 21, этаж 2
Тел./факс: (095) 378-84-74, 378-82-61, 745-89-16
E-mail: reception@eksmo-sale.ru

Мелкооптовая торговля:
Магазин «Академкнига»
117192, Москва, Мичуринский пр-т, д. 12/1
Тел./факс: (095) 932-74-71

ООО «Унитрон индустри», Книжная ярмарка в СК «Олимпийский»,
г. Москва, Олимпийский проспект, д. 16, ст. м. «Проспект Мира».
Тел.: 785-10-30. E-mail: bookclub@cityline.ru

Дистрибьютор в США и Канаде — Дом книги «Санкт-Петербург».
Тел.: (718) 368-41-28. Internet: www.st-p.com

Всегда в ассортименте новинки издательства «ЭКСМО-пресс»:
ТД «Библио-Глобус», ТД «Москва», ТД «Молодая гвардия»,
«Московский дом книги», «Дом книги на ВДНХ»

ТОО «Дом книги в Медведково». Тел.: 476-16-90
Москва, Заревый пр-д, д. 12 (рядом с м. «Медведково»)

ООО «Фирма «Книжником». Тел.: 177-19-86
Москва, Волгоградский пр-т, д. 78/1 (рядом с. м. «Кузьминки»)

ГУП ОЦ МДК «Дом книги в Конгаево». Тел.: 450-08-84
Москва, ул. Зои и Александра Космодемьянских, д. 31/1

Тверской ордена Трудового Красного Знамени полиграфкомбинат
детской литературы им. 50-летия СССР Министерства Российской Федерации
по делам печати, телерадиовещания и средств массовых коммуникаций
170040, г. Тверь, проспект 50-летия Октября, 46.

Для заметок

Для заметок

Для заметок

Для заметок

Для заметок

Для заметок